DAS GESETZ DER ANZIEHUNG

Wie Sie anziehen, glauben und erreichen:
Entdecken Sie die Geheimnisse, um Ihre
Wünsche zu manifestieren und Ihr Leben zu
verändern

BOB POTTER

Inhaltsverzeichnis

Monatseinkommen umzuwandeln
- Erfolgsgeschichten von Einzelpersonen, die durch diesen Ansatz finanzielle Freiheit erlangt haben

Einführung

Willkommen auf der transformativen Reise in das Reich des Gesetzes der Anziehung. Im Wesentlichen ist das Gesetz der Anziehung eine mächtige Kraft, die das Universum regiert und den Verlauf unseres Lebens auf der Grundlage der von uns abgegebenen Energie bestimmt. Das als universelles Gesetz geprägte Prinzip besagt, dass Gleiches Gleiches anzieht, was darauf hindeutet, dass positive Gedanken und Absichten positive Erfahrungen in unser Leben ziehen, während negative Gedanken unerwünschte Ergebnisse nach sich ziehen.

Im Mittelpunkt dieses Konzepts steht die Idee, dass unser Geist Zentren göttlichen Wirkens ist, die in der Lage sind, unsere Wünsche in die Realität umzusetzen. Das Gesetz basiert auf der Überzeugung, dass unsere Gedanken und Gefühle eine energetische Schwingung erzeugen, die mit dem Universum in Resonanz steht und die Ereignisse und Umstände beeinflusst, die sich in unserem Leben abspielen. Während wir uns auf diese Erkundung begeben, wollen wir uns mit den Feinheiten der Anwendung des Gesetzes der Anziehung befassen, um unsere tiefsten Wünsche zu manifestieren und unsere Realität zu verändern.

Das Gesetz der Anziehung stellt eine allmächtige Kraft dar, die in der Lage ist, das eigentliche Gefüge unserer Existenz neu zu gestalten. Seine wahre Kraft liegt in der tiefgreifenden Transformation, die es in unser Leben bringen kann, indem es

Grenzen überwindet und die Tore zu grenzenlosen Möglichkeiten öffnet.

Der Geist als göttliches Zentrum: Im Mittelpunkt dieser transformativen Reise steht das Verständnis, dass unser Geist als göttliches Wirkzentrum dient. Wenn wir unsere Gedanken und Absichten auf die höheren Fähigkeiten des Universums ausrichten, nutzen wir eine heilige Gabe, die uns antreibtzu Erweiterung und vollerer Ausdruck.

Schaffung neuer Realitäten: Das Gesetz der Anziehung treibt uns über die Grenzen unserer vergangenen Erfahrungen hinaus und drängt uns, etwas völlig Neues zu schaffen. Dieser kreative Prozess, der aus einem geordneten Wachstumsablauf hervorgeht, führt dazu, dass wir Bedingungen schaffen, die alles bisher Dagewesene übertreffen.

Entschädigungsgesetz: Im Mittelpunkt der transformativen Kraft des Gesetzes steht das Vergütungsgesetz, ein unnachgiebiges Prinzip, das unser Einkommen regelt. Darin heißt es, dass unser Einkommen eng mit der Notwendigkeit unserer Arbeit, unserer Fähigkeit, dies zu tun, und der Schwierigkeit, uns zu ersetzen, verknüpft ist. Indem wir unsere Fähigkeiten verfeinern und uns kontinuierlich verbessern, werden wir zu Architekten unseres finanziellen Schicksals.

Zeit durch mehrere Quellen multiplizieren: Das Gesetz der Anziehung ermöglicht es uns, unsere Zeit zu vervielfachen, indem wir mehrere Einnahmequellen erschließen. Im Gegensatz zum herkömmlichen Ansatz, Zeit gegen Geld einzutauschen, ermöglicht diese von der Elite 1 % angewandte Strategie, dass finanzieller Überfluss kontinuierlich aus verschiedenen Kanälen fließt und die Beschränkungen einer einzelnen Einkommensquelle überwunden wird.

Im Wesentlichen wird das Gesetz der Anziehung zum Katalysator für eine lebensverändernde Metamorphose. Es ist eine dynamische Kraft, die, wenn sie mit Absicht und Konzentration genutzt wird, Menschen in Bereiche der Fülle, Kreativität und Erfüllung katapultiert, die über ihre kühnsten Träume hinausgehen. Während wir die Landschaften dieses kosmischen Gesetzes durchqueren, entdecken wir die Schlüssel zum Öffnen der Türen zu einem veränderten Leben.

Die Bedeutung von Glauben und Manifestation

Die Kraft des Glaubens: Im Zentrum des Gesetzes der Anziehung steht die allmächtige Kraft des Glaubens. Unsere Überzeugungen sind nicht bloße Widerspiegelungen unserer Gedanken; Sie sind die Architekten unserer Realität. Wie Einstein es treffend ausdrückte: Der intuitive Verstand ist eine heilige Gabe, und der Glaube ist die treibende Kraft, die diese Gabe in die Tat umsetzt.

Bewusstes Bewusstsein für Schwingungen: Glaube ist im Wesentlichen ein bewusstes Bewusstsein für Schwingungen. Es ist die Erkenntnis, dass unsere Gedanken Schwingungen in das Universum aussenden und eine Resonanz erzeugen, die ähnliche Frequenzen anzieht. Wenn wir an die Unvermeidlichkeit unserer Wünsche glauben, setzen wir eine harmonische Schwingung in Gang, die diese Wünsche zu uns zieht.

Manifestation als kreativer Akt: Manifestation, das greifbare Ergebnis des Glaubens, ist ein kreativer Akt, bei dem wir unsere innere Welt mit der äußeren Realität, die wir suchen, in Einklang bringen. Durch unerschütterlichen Glauben prägen wir unsere Wünsche in die Leinwand des

Universums ein und erwecken sie mit lebendiger Klarheit zum Leben.

Affirmationen als Katalysatoren: Mit Überzeugung wiederholte Affirmationen wirken als Katalysatoren für Glauben und Manifestation. Indem wir unsere Wünsche im Präsens bestätigen, senden wir eine kraftvolle Botschaft an das Unterbewusstsein und programmieren es neu, um die Realität zu akzeptieren, die wir erschaffen möchten.

Das Unterbewusstsein als fruchtbarer Boden: Das Unterbewusstsein, das oft mit einem fruchtbaren Garten verglichen wird, reagiert auf die Samen des Glaubens, die wir darin säen. Mit positiven Gedanken und unerschütterlichem Glauben genährt, sprießen diese Samen in den üppigen Garten der Manifestation und tragen die Früchte unserer Wünsche.

Im großen Teppich des Gesetzes der Anziehung sind Glaube und Manifestation kompliziert verwobene Fäden, die die Landschaft unseres Lebens prägen. Wenn wir die Kraft des Glaubens annehmen, gepaart mit bewusster Manifestation, öffnen wir die Tore zu einer Realität, in der die Grenzen zwischen Traum und Realität zu einer nahtlosen Einheit verschwimmen.

Kapitel 1:

Das Gesetz der Anziehung verstehen

Die Ursprünge und Geschichte des Gesetzes der Anziehung

Im kosmischen Tanz der Existenz erscheint das Gesetz der Anziehung als zeitloses Prinzip, das über Kulturen, Zeitalter und Glaubenssätze hinausgeht. Auch wenn es wie eine zeitgenössische Offenbarung erscheinen mag, reichen die Wurzeln dieses tiefgreifenden Gesetzes bis in die Annalen antiker Weisheiten und mystischer Lehren zurück.

Alte Weisheit

Die Fäden des Gesetzes der Anziehung sind eng mit dem Gefüge antiker Philosophien verwoben. Die Veden, die ältesten heiligen Texte des Hinduismus, verweisen auf die Macht der eigenen Gedanken bei der

Gestaltung der Realität. In den Lehren Buddhas wird die Bedeutung mentaler Zustände für die Gestaltung des eigenen Schicksals deutlich. In ähnlicher Weise fasst die Smaragdtafel, ein grundlegender hermetischer Text, die Essenz von „Wie oben, so unten" zusammen und betont die Einheit von Mikrokosmos und Makrokosmos.

Hermetik und Alchemie

Das Gesetz der Anziehung findet Resonanz im Hermetismus, einer spirituellen, philosophischen Tradition, die Hermes Trismegistus zugeschrieben wird. Zu den hermetischen Prinzipien, wie sie im Kybalion dargelegt werden, gehört das Prinzip der Korrespondenz, das besagt: „Wie oben, so unten; wie unten, so oben."

Dies bringt die Idee auf den Punkt, dass sich die Muster und Dynamiken im größeren Universum im Mikrokosmos des menschlichen Bewusstseins widerspiegeln.

Neue Denkbewegung

Als sich die Räder der Zeit drehten, entstand im 19. Jahrhundert die New Thought-Bewegung, eine spirituelle und philosophische Bewegung, die eine entscheidende Rolle bei der Popularisierung des Gesetzes der Anziehung spielte. Visionäre wie Phineas Quimby, Mary Baker Eddy und Emma Curtis Hopkins ebneten den Weg für die Erforschung der Geisteskraft und ihrer Rolle bei der Gestaltung des individuellen Schicksals.

Geistesdynamik und das 20. Jahrhundert

Im 20. Jahrhundert erlangte das Gesetz der Anziehung durch die Werke einflussreicher Persönlichkeiten wie Napoleon Hill und Earl Nightingale neuen Schwung. Hills „Think and Grow Rich" und Nightingales „The Strangest Secret" spiegelten die alte Weisheit in der zeitgenössischen Sprache wider und betonten die Kraft von Gedanken, Überzeugungen und Visualisierung.

Modernes Wiederaufleben

Spulen wir vor ins 21. Jahrhundert und das Gesetz der Anziehung erlebt ein weltweites Wiederaufleben. Der bahnbrechende Dokumentarfilm „The Secret", der 2006 veröffentlicht wurde, rückte dieses zeitlose Prinzip in den Vordergrund des öffentlichen

Bewusstseins. Mit Vordenkern wie Bob Proctor und Esther Hicks bekräftigte „The Secret" die Idee, dass Gedanken zu Dingen werden, und löste eine weltweite Diskussion über bewusstes Schaffen aus.

Bei der Entschlüsselung der Geschichte des Gesetzes der Anziehung entdecken wir einen Wandteppich, der aus den Fäden antiker Mystik, hermetischen Prinzipien, der Philosophie des Neuen Denkens und zeitgenössischen Erkenntnissen gewebt ist. Während wir tiefer in diese Reise eintauchen, werden die nächsten Kapitel die praktischen Anwendungen des Gesetzes der Anziehung beleuchten und Sie auf einer transformativen Odyssee der Selbstfindung und -manifestation begleiten.

Die Grundprinzipien dahinter

Das Gesetz der Anziehung basiert im Kern auf den Grundprinzipien von Energie, Glaube und Manifestation. Stellen Sie sich das Universum als ein riesiges Energiefeld vor, in dem jeder Gedanke, jede Emotion und jede Handlung eine einzigartige Frequenz ausstrahlt. Nach diesem universellen Gesetz zieht Gleiches Gleiches an. Einfacher ausgedrückt: Die Energie, die Sie durch Ihre Gedanken und Gefühle ausstrahlen, zieht ähnliche Energie aus dem Universum an.

Energieschwingungen
Das Schlüsselprinzip besteht darin, zu verstehen, dass alles im Universum, einschließlich Gedanken und Emotionen, in

einer bestimmten Frequenz schwingt. Positive Gedanken und Emotionen schwingen bei höheren Frequenzen, während negative bei niedrigeren Frequenzen mitschwingen. Das Gesetz der Anziehung besagt, dass Ihre vorherrschenden Energieschwingungen die Erfahrungen bestimmen, die Sie in Ihr Leben ziehen.

Glaube als Katalysator

Der Glaube fungiert als Katalysator im Gesetz der Anziehung. Ihre Überzeugungen prägen Ihre Gedanken, Gefühle und Handlungen und beeinflussen die Frequenz Ihrer Energieschwingungen. Wenn Sie wirklich an die Möglichkeit glauben, ein Ziel zu erreichen oder einen Wunsch zu manifestieren, verstärkt Ihr positiver Glaube die höhere energetische Frequenz und erhöht die Wahrscheinlichkeit, dass entsprechende positive Erfahrungen angezogen werden.

Manifestation durch Fokus

Manifestation ist ein entscheidender Aspekt des Gesetzes der Anziehung. Indem Sie eine fokussierte und positive Denkweise bewahren, richten Sie Ihre Energie auf das gewünschte Ergebnis aus. Das Universum reagiert auf diese Ausrichtung, indem es Umstände, Gelegenheiten und Menschen in Ihr Leben bringt, die mit Ihren Energieschwingungen in Resonanz stehen. Bei diesem Prozess geht es nicht um Wunschdenken, sondern darum, Ihre Gedanken und Gefühle bewusst auf das auszurichten, was Sie anziehen möchten.

Klarheit und Emotion

Klarheit in Ihren Wünschen und die damit einhergehenden positiven Emotionen spielen eine entscheidende Rolle bei der Manifestation. Wenn Sie klar definieren, was Sie wollen, und diese Wünsche mit echten, positiven Emotionen erfüllen, verstärkt sich die Schwingungsfrequenz Ihrer Gedanken. Diese erhöhte Frequenz wiederum beschleunigt den Manifestationsprozess und bringt Ihre Wünsche näher an die Realität.

Das Verständnis dieser Grundprinzipien bildet die Grundlage für die effektive Anwendung des Gesetzes der Anziehung in verschiedenen Aspekten des Lebens.

Wie Gedanken und Überzeugungen unsere Realität prägen

Unsere Gedanken und Überzeugungen sind die Architekten unserer Realität und verfügen über eine immense Macht, um den Verlauf unseres Lebens zu bestimmen. Das Gesetz der Anziehung basiert auf dem Prinzip, dass unsere vorherrschenden Gedanken und Überzeugungen energetische Schwingungen aussenden, die mit ähnlichen Frequenzen im Universum in Resonanz stehen. Im Wesentlichen bestimmt unsere innere Gedanken- und Glaubenswelt die Art unserer äußeren Erfahrungen.

Betrachten Sie Ihre Gedanken als Bausteine der Realität, in der Sie leben. Jeder Gedanke, den Sie hegen, sendet eine Schwingungsfrequenz in das Energiefeld des Universums. Positive Gedanken erzeugen erhebende Schwingungen, während negative Gedanken niedrigere Frequenzen ausstrahlen. Das Universum, das nach dem Prinzip der Anziehung arbeitet, reagiert, indem es Erfahrungen in Ihr Leben einbringt, die der energetischen Resonanz Ihrer Gedanken entsprechen.

Überzeugungen wirken als formende Kräfte, die die Konturen unserer Realität prägen. Wenn Sie stärkende und positive Überzeugungen über sich selbst, Ihre Fähigkeiten und die Welt um Sie herum haben, werden diese Überzeugungen zum

Rahmen, durch den Sie die Realität wahrnehmen und mit ihr interagieren. Umgekehrt können einschränkende oder negative Überzeugungen als Barrieren wirken, Ihr Potenzial einschränken und die Ergebnisse beeinflussen, die Sie erzielen.

Die Beziehung zwischen Gedanken, Überzeugungen und Realität ähnelt einer sich selbst erfüllenden Prophezeiung. Wenn Sie ständig über ein bestimmtes Ergebnis nachdenken und wirklich an seine Möglichkeit glauben, stimmen Ihre Handlungen mit dieser Überzeugung überein. Diese Ausrichtung setzt eine Reihe von Ereignissen und Entscheidungen in Gang, die zur Manifestation Ihrer vorgestellten Realität führen. Es ist kein Zufall; Es ist der orchestrierte Tanz zwischen Ihrem inneren Zustand und der Außenwelt.

Ein Großteil dieses Prozesses findet auf einer unbewussten Ebene statt. Unser Unterbewusstsein, ein Reservoir an Überzeugungen und Denkmustern, spielt eine wichtige Rolle bei der Gestaltung unserer Realität. Wenn tief verwurzelte Überzeugungen unseren bewussten Wünschen widersprechen, entsteht eine Schwingungsdissonanz, die den Manifestationsprozess behindert. Das Erkennen und Umgestalten dieser unbewussten Überzeugungen ist ein entscheidender Schritt, um das volle Potenzial des Gesetzes der Anziehung auszuschöpfen.

Das Verständnis der kreativen Kraft von Gedanken und Überzeugungen befähigt uns, bewusste Schöpfer unserer Realität zu werden. Indem wir unsere Gedanken aktiv wählen und lenken, übernehmen wir die Kontrolle über die energetischen Frequenzen, die wir aussenden. Durch positive Überzeugungen und bewusstes Denken beteiligen wir uns aktiv an der Mitgestaltung einer Realität, die unseren Wünschen entspricht.

Kapitel 2:

Die Rolle der Denkweise

Die Kraft der Denkweise, um positive Ergebnisse zu erzielen

Die Kraft der Denkweise, positive Ergebnisse zu erzielen, kann nicht genug betont werden. Ihre Denkweise dient als Linse, durch die Sie die Welt wahrnehmen, und beeinflusst Ihre Interpretation von Ereignissen, Ihre emotionalen Reaktionen und letztendlich die Realität, die Sie erleben. Im Bereich des Gesetzes der Anziehung wird die Kultivierung einer positiven Denkweise zu einem Eckpfeiler für die Erschließung einer Kaskade günstiger Ergebnisse.

Betrachten Sie Ihre Denkweise als den Architekten Ihrer Realität. Eine positive Einstellung bedeutet nicht nur, angesichts von Herausforderungen optimistisch zu denken; es erstreckt sich auf einen grundlegenden Glauben an die Möglichkeit positiver Ergebnisse. Wenn Sie das Leben mit einer Denkweise angehen, die Erfolg, Fülle und Freude vorwegnimmt, bereiten Sie die Voraussetzungen für die Entfaltung dieser Manifestationen.

Ihre Denkweise strahlt eine bestimmte Schwingungsfrequenz aus, die mit der Energie Ihrer Gedanken und Überzeugungen übereinstimmt. Eine positive Einstellung schwingt mit höheren Frequenzen mit, die mit Liebe, Dankbarkeit und Optimismus verbunden sind. In dieser Schwingungsharmonie werden Sie zum Magneten für Erfahrungen und

Möglichkeiten, die die in Ihrer Denkweise verankerte Positivität widerspiegeln.

Das Gesetz der Anziehung basiert auf dem Prinzip, dass Gleiches Gleiches anzieht. Eine positive Einstellung löst einen Welleneffekt aus, der positive Umstände, Beziehungen und zufällige Ereignisse in Ihr Leben zieht. Dabei geht es nicht um Wunschdenken, sondern darum, eine innere Umgebung zu schaffen, die auf natürliche Weise die Energien anzieht, die Ihrem Wohlbefinden zuträglich sind.

Eine positive Einstellung ist ein wirksames Gegenmittel gegen einschränkende Überzeugungen. Wenn man mit Herausforderungen, Rückschlägen oder Selbstzweifeln konfrontiert wird, erkennt eine positive Einstellung Widrigkeiten als Chance für Wachstum. Es baut die Barrieren der Negativität ab und fördert die Widerstandsfähigkeit, sodass Sie mit Anmut und Entschlossenheit durch die Wendungen des Lebens navigieren können.

Ihre Denkweise hat großen Einfluss auf Ihr Handeln. Eine positive Einstellung fördert inspiriertes Handeln, vertrauensvolle Entscheidungen und einen proaktiven Ansatz zur Verwirklichung Ihrer Ziele. Wenn Ihre Gedanken sich an einer positiven Erwartung orientieren, neigen Sie ganz natürlich dazu, Entscheidungen zu treffen, die mit der Realität übereinstimmen, die Sie erschaffen möchten.

Um eine positive Einstellung zu entwickeln, müssen Sie sich bewusst dazu verpflichten, Ihre Gedanken zu überwachen und neu zu lenken. Es handelt sich um eine kontinuierliche Praxis der Selbsterkenntnis, der Wahl bestärkender Interpretationen und der Annahme einer Haltung der Dankbarkeit. Indem Sie konsequent eine positive Denkweise pflegen, schaffen Sie eine innere Atmosphäre, die die Anziehung positiver Ergebnisse begünstigt.

Der Unterschied zwischen einer festen und einer wachstumsorientierten Denkweise

Das Verständnis des grundlegenden Unterschieds zwischen einer festen Denkweise und einer Wachstumsmentalität ist von entscheidender Bedeutung, um die

Nuancen der Rolle der Denkweise im Gesetz der Anziehung zu verstehen.

Feste Haltung

Eine feste Denkweise zeichnet sich durch die Überzeugung aus, dass die eigenen Fähigkeiten, Intelligenz und Talente angeborene Eigenschaften sind, die statisch bleiben. Personen mit einer festen Denkweise empfinden ihre Qualitäten als vorbestimmt, was zu dem Wunsch führt, klug zu wirken, und zu einer Zurückhaltung, Herausforderungen anzunehmen. Scheitern wird eher als Ausdruck inhärenter Einschränkungen denn als Chance für Wachstum betrachtet. Bei einer festen Denkweise liegt der Fokus eher auf der Validierung bestehender Fähigkeiten als auf der Entwicklung neuer.

Wachstumsmentalität

Umgekehrt wurzelt eine Wachstumsmentalität in der Überzeugung, dass Fähigkeiten durch Hingabe, harte Arbeit und Lernen entwickelt werden können. Menschen mit einer Wachstumsmentalität betrachten Herausforderungen als Sprungbrett zur Verbesserung und betrachten Misserfolge als Katalysator für weitere Anstrengungen. Indem sie den Prozess des Lernens annehmen und Rückschläge als vorübergehende Hürden betrachten, sind Menschen mit einer Wachstumsmentalität widerstandsfähiger gegenüber Herausforderungen. Sie betrachten Anstrengung als den Weg zur Meisterschaft und lassen sich vom Erfolg anderer inspirieren.

Auswirkungen auf das Gesetz der Anziehung

Die Unterscheidung zwischen einer festen und einer wachstumsorientierten Denkweise ist im Kontext des Gesetzes der Anziehung von entscheidender Bedeutung. Eine feste Denkweise kann unbeabsichtigt zu selbst auferlegten Einschränkungen führen, da der Glaube an die statische Natur von Fähigkeiten die Offenheit für neue Möglichkeiten und die für die Manifestation von Wünschen erforderliche Belastbarkeit behindern kann. Im Gegenteil: Eine Wachstumsmentalität fügt sich nahtlos in die Prinzipien des Gesetzes der Anziehung ein. Es fördert Anpassungsfähigkeit,

Lernbereitschaft und das Verständnis, dass Herausforderungen ein wesentlicher Bestandteil der Reise der persönlichen Entwicklung sind.

Eine Wachstumsmentalität kultivieren

Der Wechsel von einer festen Denkweise zu einer Wachstumsmentalität erfordert eine bewusste Verpflichtung zur Selbsterkenntnis und zur Neuformulierung von Gedanken. Das Erkennen und Herausfordern einschränkender Überzeugungen, das Begreifen von Herausforderungen als Wachstumschancen und das Anerkennen der Kraft von Anstrengung und Ausdauer sind wichtige Schritte bei der Entwicklung einer Wachstumsmentalität. Während wir praktische Anwendungen des Gesetzes der Anziehung erforschen, verstärkt die Integration einer Wachstumsmentalität die Wirksamkeit bewusster Manifestation.

Wie eine positive Einstellung zum Gesetz der Anziehung beiträgt

Im komplizierten Tanz zwischen Geist und Universum erweist sich Positivität als leitende Kraft, die die vom Gesetz der Anziehung vorgegebenen Ergebnisse prägt. Lassen Sie uns den tiefen Zusammenhang zwischen einer positiven Einstellung und der Manifestation von Wünschen aufdecken.

1.   **Schwingungsausrichtung:**Das Herzstück des Gesetzes der Anziehung ist

das Konzept der Schwingungsausrichtung. Jeder Gedanke, jedes Gefühl und jeder Glaube strahlt eine bestimmte Schwingungsfrequenz aus. Positivität wirkt als harmonische Frequenz, die mit der Energie des Überflusses, der Dankbarkeit und der Möglichkeiten in Resonanz steht. Wenn Ihre Denkweise Positivität ausstrahlt, stellen Sie sich auf die Schwingungswellenlänge ein, die ähnliche positive Energien aus dem Universum anzieht.

2. Der Spiegeleffekt: Betrachten Sie Ihre Denkweise als einen Spiegel, der Ihre vorherrschenden Gedanken und Überzeugungen widerspiegelt. Eine positive Einstellung funktioniert wie ein polierter Spiegel, der positive Reflexionen aus der

Außenwelt vergrößert und anzieht. Umgekehrt verzerrt eine negative Einstellung den Spiegel und wirft unerwünschte Erfahrungen zurück. Positivität anzunehmen ist so, als würde man den Spiegel so justieren, dass er die Schönheit und Fülle einfängt, die zur Manifestation zur Verfügung stehen.

3. Absicht verstärken: Positivität verstärkt die Wirksamkeit Ihrer Absichten. Wenn Sie Ihre Wünsche mit einer positiven Einstellung angehen, erfüllen Sie sie mit einer magnetischen Energie, die sie der Verwirklichung näher bringt. Das Universum reagiert auf die Klarheit und den Optimismus, die in positiven Absichten verankert sind, und orchestriert Ereignisse und Gelegenheiten, die Ihren Wünschen entsprechen.

4. Resilienz bei Herausforderungen: Die Bewahrung einer positiven Einstellung angesichts von Herausforderungen ist ein Kennzeichen der Beherrschung des Gesetzes der Anziehung. Herausforderungen sind keine Hindernisse, sondern vielmehr Chancen für Wachstum und Neuausrichtung. Eine positive Einstellung ermöglicht es Ihnen, Hindernisse belastbar zu überwinden und sie als Sprungbrett zur Verwirklichung Ihrer Wünsche zu betrachten.

5. Dankbarkeit als Katalysator: Dankbarkeit, ein Eckpfeiler der Positivität, dient als Katalysator im

Manifestationsprozess. Wenn Sie Ihre Dankbarkeit für bestehende Segnungen zum Ausdruck bringen, schaffen Sie einen energetischen Weg für das Universum, um mehr Fülle zu bewirken. Dankbarkeit ist eine magnetische Kraft, die positive Erfahrungen anzieht und den Kreislauf der Manifestation verstärkt.

Denken Sie auf dieser Reise daran, dass Ihre Denkweise der Maler der Leinwand Ihrer Realität ist. Mit Positivität als Palette schwingen Sie den Pinsel, der ein Meisterwerk aufeinander abgestimmter Manifestationen schafft.

Kapitel 3:

Das Unterbewusstsein

Das Konzept des Unterbewusstseins

Im Labyrinth des Geistes steht das Unterbewusstsein als tiefgründiges Zentrum göttlicher Wirkung, als stiller Orchestrator des komplizierten Tanzes des Gesetzes der Anziehung. Lassen Sie uns in die Tiefen des Unterbewusstseins eintauchen und seine Rolle als heiliges Geschenk und treuer Diener im Bereich der Manifestation verstehen.

1. Das göttliche Geschenk:

Einsteins Weisheit hallt durch die Korridore des Verständnisses: „Der intuitive Geist ist eine heilige Gabe, und der rationale Geist ist ein treuer Diener." Das Unterbewusstsein, ähnlich dem intuitiven Geist, erweist sich als das göttliche Geschenk, das jedem

Einzelnen verliehen wird. Im Gegensatz zum rationalen Verstand, der an Sinneswahrnehmungen gebunden ist, transzendiert das Unterbewusstsein das Endliche und verbindet sich mit dem unendlichen Bereich des Göttlichen.

2. Zentrum göttlichen Wirkens:
Stellen Sie sich das Unterbewusstsein als das Epizentrum vor, in dem sich göttliche Operationen entfalten. Im Gegensatz zu physischen Einheiten mit messbaren Zentren gibt es im göttlichen Bereich keine Grenzen. Im Göttlichen ist jeder Punkt das Zentrum, und im Bereich des Unterbewusstseins orchestriert das Göttliche seinen großen Plan für Erweiterung und umfassenderen Ausdruck.

3. Erweiterung und vollerer Ausdruck:

Die göttliche Wirkung, die dem Unterbewusstsein innewohnt, strebt ständig nach Erweiterung und vollständigerem Ausdruck. Dies ist keine bloße Wiederholung vergangener Erfahrungen, sondern eine kontinuierliche Reise in unbekannte Gebiete der Kreativität. Ihre Vergangenheit, ein Sprungbrett, bereitet Sie darauf vor, das Neue zu wagen und Bedingungen zu schaffen, die alles bisherige übertreffen.

4. Bewusstes Bewusstsein durch Erfahrung:

Denken Sie über den Wandteppich Ihres Lebens nach, der aus Fäden unterschiedlicher Erfahrungen gewebt ist.

Jede Freude und Herausforderung, jedes Hoch und Tief trägt zur bewussten Wahrnehmung bei, die im göttlichen Zentrum Ihres Unterbewusstseins wohnt. Jede Wendung auf Ihrer Reise dient als notwendige Zutat für das beispiellose Meisterwerk, das Sie schaffen möchten.

5. Unveränderliche Gesetze des Universums:

Die Gesetze, die das Universum regieren, unveränderlich und göttlich verordnet, finden ihre Widerspiegelung im Unterbewusstsein. Diese Gesetze, die über den Bereich der menschlichen Schöpfung hinausgehen, leiten das Unterbewusstsein bei der Aufrechterhaltung göttlicher Operationen. Der Winter folgt stets dem

Sommer, die Nacht weicht dem Tag und im unendlichen Tanz der Schöpfung richtet sich das Unterbewusstsein nach diesen kosmischen Rhythmen.

6. Entschädigungsgesetz:

Unter den unveränderlichen Gesetzen hallt das Gesetz der Entschädigung durch die Korridore des Überflusses. Ihr durch dieses Gesetz geregeltes Einkommen spiegelt das genaue Verhältnis von drei Elementen wider: der Notwendigkeit für das, was Sie tun, Ihrer Fähigkeit, es zu tun, und der Schwierigkeit, Sie zu ersetzen. Indem Sie sich darauf konzentrieren, Ihre Fähigkeiten zu verbessern, treten Sie in den Rhythmus der göttlichen Kompensation ein, einen Tanz der Fülle, der vom göttlichen Zentrum in Ihnen geleitet wird.

Die Lehren von Thomas Troward und Genevieve Behrend

Im Teppich der Weisheit, der von Koryphäen gewebt wurde, steht Thomas Troward als Leuchtfeuer und erhellt den Weg zu den höheren Fähigkeiten des Geistes. Während wir durch die Korridore von Trowards Lehren navigieren, lassen Sie uns die tiefgreifenden Einsichten annehmen, die über Generationen hinweg widerhallten.

1. Intuitiver Geist als heiliges Geschenk: Im Mittelpunkt von Trowards Philosophie steht die Anerkennung des intuitiven Geistes als heilige Gabe. Diese höhere Fähigkeit, unberührt von den

Beschränkungen des rationalen Geistes, öffnet das Tor zu göttlichen Wirkweisen. Troward fordert uns auf, dieses Geschenk zu würdigen und seine Rolle in der großen Symphonie der Schöpfung anzuerkennen.

2. Treuer Diener – Der rationale Geist: Troward stellt den intuitiven Geist dem rationalen Geist gegenüber und betrachtet diesen als einen treuen Diener. Während der rationale Verstand eine entscheidende Rolle dabei spielt, sich in der greifbaren Welt zurechtzufinden, lädt uns Trowards Weisheit dazu ein, den Diener nicht um den Preis zu verherrlichen, die Gabe zu vernachlässigen.

3. Das vergessene Geschenk enthüllen: Wenn wir Trowards Lehren verinnerlichen, entsteht eine ergreifende Überlegung: Die moderne Gesellschaft achtet auf den Diener, den rationalen Verstand und vergisst dabei die heilige Gabe der Intuition. Das Ungleichgewicht, so Troward, führt zu einer Dissonanz mit dem natürlichen Ablauf göttlicher Operationen. Um das Gesetz der Anziehung zu nutzen, muss man den intuitiven Geist als zentrale Kraft der Manifestation wiederentdecken und ehren.

Betreten Sie Genevieve Behrend, eine Koryphäe, die von der Weisheit von Thomas Troward geprägt ist. Als Trowards einzige Schülerin begab sich Behrend auf eine transformative Reise, um die Prinzipien zu verwirklichen, die sie von ihrem verehrten Mentor übernommen hatte.

1. **Die Suche nach Wissen:**Behrends Reise begann mit dem zwingenden Wunsch, die Lehren Trowards zu verinnerlichen, selbst um den Preis, 1912 20.000 US-Dollar für ein Studium unter seiner Anleitung aufzubringen. Dieses Streben nach Wissen enthüllt das erste Prinzip: Ein unstillbarer Durst nach Weisheit treibt einen zur Verwirklichung von Träumen.

2. Die Kraft des Lernens: Auf den Seiten von Trowards tiefgreifenden Werken entdeckte Behrend die Schlüssel zur Erschließung der Geheimnisse der Manifestation. Durch fleißiges Studium und ein unerschütterliches Engagement für Trowards Lehren überwand sie Grenzen und betrat das Reich der unendlichen Möglichkeiten.

3. Fülle anziehen: Behrends Leben wurde zum Beweis für die Wirksamkeit von Trowards Prinzipien. Das Gesetz der Anziehung, das durch ihr gezieltes Studium und die Ausrichtung auf göttliche Vorgänge aktiviert wurde, trieb sie dazu, die finanziellen Mittel aufzubringen, um bei Troward zu studieren. Dies spiegelt die grundlegende Wahrheit wider: Die

Anwendung von Wissen verwandelt Wünsche in greifbare Realitäten.

Wenn wir die Lehren von Troward und Behrend in die Struktur unseres Verständnisses integrieren, lassen Sie uns von ihrer Weisheit zu einem bereicherten Verständnis des Gesetzes der Anziehung führen. Die Reise entfaltet sich nicht nur als intellektuelle Erkundung, sondern als tiefgreifende Aneignung von Prinzipien, die das Potenzial haben, Schicksale zu gestalten.

Die Rolle der Intuition und höherer Fähigkeiten

Im komplizierten Tanz zwischen dem Greifbaren und dem Unsichtbaren erweist sich die Intuition als leitende Kraft, die

Suchende zur Manifestation ihrer tiefsten Wünsche führt. Die Lehren von Thomas Troward und Genevieve Behrend beleuchten den Weg und betonen die entscheidende Rolle der Intuition und höherer Fähigkeiten bei der Nutzung der tiefgreifenden Energie des Gesetzes der Anziehung.

1. **Der heilige Tanz der Intuition:**Stellen Sie sich die Intuition als den heiligen Tanzpartner im Ballsaal Ihres Geistes vor. Trowards Weisheit lädt uns dazu ein, diesen Partner nicht nur als Zuschauer, sondern als Organisator göttlicher Bewegungen zu erkennen. Intuition, unberührt von den Zwängen der Logik, wird zum stillen Flüstern, das uns zur Ausrichtung auf die

Schwingungsfrequenzen unserer Wünsche führt.

2. Überwindung rationaler Grenzen: Trowards Gegenüberstellung des intuitiven Geistes als heiliger Gabe und des rationalen Geistes als treuer Diener enthüllt die inhärente Kraft der Intuition. Im Gegensatz zu ihrem rationalen Gegenstück überschreitet die Intuition die durch die greifbare Welt gesetzten Grenzen. Es wagt sich in die Bereiche der Möglichkeiten, wo die Saat der Manifestation gesät wird.

3. Genevieve Behrends Symphonie der Manifestation: Behrends Reise mit Troward wird zu einer Symphonie, in der die Intuition eine harmonische Melodie spielt. Während Behrend die von Troward dargelegten Prinzipien sorgfältig studierte, nahm sie nicht nur intellektuelles Wissen auf, sondern überließ es auch ihrem intuitiven Verstand, den Tanz zu leiten. Die Abstimmung von Intellekt und Intuition wurde zum Schlüssel zur Erschließung der Geheimnisse der Manifestation.

4. Höhere Fakultäten: Die Architekten der Schöpfung: Betrachten Sie höhere Fähigkeiten als die Architekten, die den Entwurf unserer Realität entwerfen. Trowards Offenbarung, dass der intuitive Geist ein Zentrum göttlichen Wirkens ist, unterstreicht die Bedeutung dieser höheren Fähigkeiten. Sie agieren über das sichtbare Spektrum hinaus und erschaffen die unsichtbaren Kräfte, die unsere Erfahrungen prägen.

5. Harmonie mit göttlichen Wirken: Um das Gesetz der Anziehung effektiv anzuwenden, muss man sich mit den göttlichen Wirkweisen in Einklang bringen. Bei dieser Harmonisierung geht es darum, die Intuition nicht als eine flüchtige Empfindung zu erkennen, sondern als eine tiefgreifende Kraft, die uns zu Erweiterung und umfassenderem Ausdruck führt. Höhere Fähigkeiten werden, wenn sie anerkannt und angenommen werden, zum Kompass für die Reise der bewussten Schöpfung.

Während wir die Bereiche der Intuition und höherer Fähigkeiten durchqueren, stimmen wir uns auf den heiligen Tanz in uns ein. In diesem Tanz führt die Intuition und höhere

Fähigkeiten formen den großen Teppich unserer manifestierten Wünsche. Das Gesetz der Anziehung entfaltet sich in seiner reinsten Form als Symphonie, in der jede Note von unsichtbaren Kräften gespielt wird und im Rhythmus unserer Absichten mitschwingt.

Kapitel 4:

Die göttliche Operation zur Expansion

Die Symphonie der Erweiterung und des volleren Ausdrucks

In der großen Orchestrierung des Universums tritt das göttliche Wirken als Hauptdirigent hervor und führt die Symphonie der Existenz zu einem Crescendo der Expansion und des volleren Ausdrucks. Thomas Trowards tiefgreifende Einsicht hallt durch die Korridore der Zeit und verkündet, dass die inhärente Natur des Göttlichen von kontinuierlichem Wachstum und gesteigerter Manifestation geprägt ist.

1. Der ewige Puls der Expansion: Stellen Sie sich das Universum als ein lebendiges, atmendes Wesen vor, das im ewigen Rhythmus der Expansion pulsiert. Das göttliche Wirken treibt, ähnlich wie ein kosmischer Herzschlag, die gesamte Schöpfung an die Grenzen ihres eigenen Potenzials. Troward lädt uns ein, dieses Pulsieren als die grundlegende Essenz des Gesetzes der Anziehung zu erkennen – ein unaufhörlicher Drang nach mehr, zu den unbekannten Territorien der Möglichkeiten.

2. Der Tanz des volleren Ausdrucks: Wenn Expansion die kosmische Reise ist, dann ist vollerer Ausdruck der Tanz, durch den das Universum sein unendliches Potenzial zum Ausdruck bringt. Betrachten Sie diesen Tanz als das Zusammenspiel von Energien, die Choreografie unsichtbarer Kräfte, die Realitäten erschaffen, die über den Rahmen dessen hinausgehen, was bisher da war. In jeder vom Göttlichen gespielten Note liegt eine Einladung, mehr auszudrücken, mehr zu werden.

3. Vom Samen zur Blüte: Betrachten Sie Ihre Wünsche als Samen, die in den fruchtbaren Boden des Universums gepflanzt werden. Das göttliche Wirken nährt diese Samen und bringt sie dazu, zu keimen, zu wachsen und schließlich zur Realität zu erblühen. Es ist keine bloße Nachbildung der Vergangenheit, sondern eine kontinuierliche Entwicklung – eine Reise von der Keimzelle des Potenzials bis zur vollen Blüte der Manifestation.

4. Harmonisierung mit der Göttlichen Symphonie: Sich auf das göttliche Wirken auszurichten bedeutet, ein williger Teilnehmer an der kosmischen Symphonie zu werden. Das Gesetz der Anziehung wird zum Instrument, durch das wir mit der expansiven Natur des Göttlichen harmonieren. Wenn wir unsere Gedanken und Schwingungen auf die Frequenz des Wachstums abstimmen, werden wir von den Strömungen eines umfassenderen Ausdrucks mitgerissen.

5. Bewusste Mitschöpfer: Indem wir das Streben des Göttlichen nach Erweiterung und umfassenderem Ausdruck verstehen, schlüpfen wir in unsere Rolle als bewusste Mitschöpfer. Jede Absicht, jeder Gedanke wird zu einem Strich auf der Leinwand der Existenz und trägt zum Meisterwerk unseres Lebens bei. Das Gesetz der Anziehung ist also nicht nur ein Gesetz; es ist eine

Einladung, neben dem Göttlichen im ewigen Walzer der Schöpfung zu tanzen.

Lassen Sie uns auf unserer Reise durch die Symphonie der Erweiterung und des umfassenderen Ausdrucks die Melodie des Göttlichen annehmen und zulassen, dass sie uns zu den unendlichen Horizonten unseres eigenen Werdens führt. Wenn das Gesetz der Anziehung im Einklang mit dem kosmischen Rhythmus angewendet wird, wird es zu einer transformativen Kraft, die uns in die sich ständig erweiternden Bereiche unseres wahrsten Selbst führt.

Das Konzept des persönlichen Wachstums und der Schaffung neuer Bedingungen

Sich auf die Reise des persönlichen Wachstums zu begeben, ist so, als würde man die Robe eines Alchemisten anlegen und sich auf den mystischen Prozess einlassen, die Grundelemente unserer gegenwärtigen Realität in den goldenen Wandteppich eines neu gedachten Lebens umzuwandeln. Das Gesetz der Anziehung wird als alchemistischer Katalysator zum Stein der Weisen und führt uns durch den komplizierten Tanz der Manifestation.

1. Alchemie des Geistes: Der alchemistische Schmelztiegel ist der Geist – der heilige Raum, in dem Gedanken, Absichten und Überzeugungen zur Prima Materia unserer Existenz verschmelzen. Wenn wir die Essenz begreifen, dass unser Geist Zentren göttlichen Wirkens ist, entfaltet sich die Alchemie. Das Gesetz der Anziehung reagiert wie eine alchemistische Formel auf die Schwingungen unserer Gedanken und formt und formt die Rohstoffe unserer Realität um.

2. Bewusste Schöpfung: Persönliches Wachstum ist nach der Alchemie des Gesetzes der Anziehung ein bewusster Akt bewusster Schöpfung. Es lädt uns dazu ein, in die Rolle von Handwerksmeistern zu schlüpfen und unser Schicksal zielstrebig und klar zu gestalten. Die Einladung des Göttlichen, sich zu erweitern und auszudrücken, findet Resonanz in unserem Engagement, die Beschränkungen der Vergangenheit zu überwinden und neue Bedingungen zu schaffen, die unser sich entwickelndes Bewusstsein widerspiegeln.

3. Von Blei zu Gold: Betrachten Sie Ihre gegenwärtigen Umstände als die bleiernen Lasten der Vergangenheit – eine Verschmelzung von Erfahrungen, Entscheidungen und Überzeugungen. Wenn das Gesetz der Anziehung mit Absicht und Klarheit genutzt wird, verwandelt es diesen Vorsprung in die goldenen Chancen der Zukunft. Persönliches Wachstum wird zum Schmelztiegel, in dem sich die Alchemie entfaltet und Herausforderungen in Trittsteine und Rückschläge in Sprungbretter verwandelt.

4. Werden Sie zum Architekten Ihres Schicksals: Als Architekten unseres Schicksals verfügen wir über die Werkzeuge der Vision, des Glaubens und des inspirierten Handelns. Das Gesetz der Anziehung reagiert auf die in unseren Köpfen eingravierten Blaupausen und arbeitet mit dem Kosmos zusammen, um die Gebäude unserer Wünsche hervorzubringen. Der Ruf nach Erweiterung und umfassenderem Ausdruck findet seine Antwort in der bewussten Gestaltung eines Lebens, das unsere höchsten Ansprüche widerspiegelt.

5. Der Wandteppich der Transformation: Im großen Webstuhl der Existenz ist persönliches Wachstum die Nadel der Transformation. Das Gesetz der Anziehung verwebt die Fäden von Absicht, Glaube und Handeln zu einem Bild, das nicht nur widerspiegelt, wer wir sind, sondern auch, wer wir werden. Jeder

Moment wird zu einem Strich auf der Leinwand unserer Entwicklung und jede Herausforderung verwandelt sich in eine Gelegenheit zur alchemistischen Verfeinerung.

6. Jenseits der Wiederholung: Im Gegensatz zu einem monotonen Refrain ist persönliches Wachstum unter dem Gesetz der Anziehung eine Symphonie ständiger Innovation. Der Ruf nach Erweiterung ist kein Plädoyer für Wiederholung, sondern eine Einladung, neue Melodien zu komponieren, neue Ausblicke zu schaffen und mit dem Rhythmus des sich ständig weiterentwickelnden Kosmos zu tanzen.

Während wir uns auf die Alchemie des persönlichen Wachstums einlassen, stehen wir an der Schnittstelle zwischen Möglichkeit und Wirklichkeit und erschaffen gemeinsam mit dem Universum unser Schicksal. Das Gesetz der Anziehung, ein wirksames Elixier in unserem alchemistischen Werkzeugkasten, führt uns zu der Erkenntnis, dass persönliches Wachstum kein Ziel, sondern eine kontinuierliche Reise der Selbstfindung und Transformation ist.

Der geordnete Ablauf des Wachstums durch vergangene Erfahrungen

Im komplexen Geflecht unseres Lebens repräsentiert jeder Faden, jede Farbe und jede Nuance die Symphonie der Erfahrungen, die unsere Reise geprägt hat. Wenn wir das Konzept des Gesetzes der

Anziehung erforschen, stellen wir fest, dass dieses kosmische Gesetz seine Magie nicht nur im gegenwärtigen Moment entfaltet, sondern auch durch die geordnete Abfolge des Wachstums, die sich in unseren vergangenen Erfahrungen manifestiert.

1. Die bewusste Symphonie: Betrachten Sie Ihr Bewusstsein als den Dirigenten, der die Symphonie Ihres Lebens orchestriert. Das Gesetz der Anziehung reagiert, vergleichbar mit dem Taktstock des Meisters, auf die bewussten und unbewussten Töne, die von Ihrem Wesen ausgehen. In dieser Symphonie trägt jede vergangene Erfahrung zur melodischen Entwicklung bei und bietet Einsichten, Lehren und Echos, die im Laufe der Zeit nachhallen.

2. Das zielgerichtete Vorspiel: So wie ein Musikstück ein Vorspiel hat, entfaltet sich unser Leben durch zielgerichtete Anfänge. Das Gesetz der Anziehung erkennt an, dass jede Erfahrung, ob scheinbar belanglos oder tiefgreifend transformierend, als Auftakt für die nächste Bewegung dient. Diese zielgerichteten Vorspiele bereiten die Bühne für Wachstum und bereiten uns auf den harmonischen Fortschritt hin zu einem höheren Selbstausdruck vor.

3. Das Crescendo der Herausforderungen: Herausforderungen, wie Crescendos in einer Musikkomposition, prägen unsere Reise. Das Gesetz der Anziehung erkennt die Energie, die wir in die Bewältigung von Herausforderungen investieren, und wandelt sie in Bausteine für Belastbarkeit und Weisheit um. Jedes Crescendo, ob persönliche Prüfung oder Triumph, trägt zum dynamischen Auf und Ab unseres Wachstumskurses bei.

4. Mit Harmonie harmonieren: Das Gesetz der Anziehung harmoniert in seiner kosmischen Weisheit unsere Erfahrungen mit den Schwingungsfrequenzen, die wir aussenden. Es richtet uns auf Umstände und Möglichkeiten aus, die mit unserem sich entwickelnden Bewusstsein in Einklang stehen. Durch diese Harmonisierung wird der geordnete Wachstumsablauf zu einem Tanz – einer Synchronisation von Absicht, Glaube und Manifestation.

5. **Rhythmische Reflexionen:** Reflexionen, ähnlich den rhythmischen Zwischenspielen in einer Musikkomposition, unterstreichen unser Wachstum. Das Gesetz der Anziehung lädt uns dazu ein, über vergangene Erfahrungen nachzudenken und die rhythmischen Muster zu extrahieren, die unsere Reaktionen auf den Rhythmus des Lebens bestimmen. Dieses Selbstbewusstsein wird zum Kompass, der uns durch das Labyrinth der Möglichkeiten führt und uns zu höheren Ausdrucksformen treibt.

6. **Transzendierende Taktarten:** Während wir uns durch die Symphonie des Wachstums bewegen, überschreitet das Gesetz der Anziehung die Beschränkungen linearer Taktarten.

Vergangene Erfahrungen, gegenwärtige Absichten und zukünftige Sehnsüchte harmonieren in einer zeitlosen Komposition. Diese Transzendenz lädt uns ein, unsere Reise nicht als linearen Verlauf, sondern als mehrdimensionales Meisterwerk wahrzunehmen.

In der großen Orchestrierung des Lebens fungiert das Gesetz der Anziehung als stiller Komponist, abgestimmt auf die Schwingungen unseres Bewusstseins. Die geordnete Abfolge des Wachstums durch vergangene Erfahrungen wird zu einer faszinierenden Symphonie, einem Zeugnis des kosmischen Tanzes zwischen unseren Absichten und der Reaktion des Universums.

Kapitel 5:

Das Gesetz der Entschädigung

Die drei Faktoren, die das Einkommen bestimmen

In der großen Symphonie der Einkommensgenerierung bilden drei Schlüsselfaktoren die harmonische Melodie: Bedarf, Fähigkeit und Schwierigkeit des Ersatzes. Lassen Sie uns jede Note analysieren, um zu verstehen, wie sie die finanzielle Zusammensetzung unseres Lebens beeinflusst.

1. Die Melodie der Not

- *Einführung in „Bedürfnis" als grundlegende Anmerkung:* Das Wesen des Einkommens ist eng mit der Resonanz unserer Angebote auf die kollektiven Bedürfnisse der Gesellschaft verbunden. So wie eine Melodie ihren

Zweck in den Ohren findet, die sie hören, stellen die von uns angebotenen Dienstleistungen eine symbiotische Beziehung zu den inhärenten Bedürfnissen der Welt her.

- *Die symbiotische Beziehung:* Während wir uns durch die Einkommenslandschaft bewegen, stellen wir fest, dass unsere finanziellen Erträge umso resonanter und lohnender werden, je mehr unsere Fähigkeiten und Dienstleistungen auf die tiefgreifenden Bedürfnisse der Welt abgestimmt sind. Es ist eine Melodie, die in den Herzen derer erklingt, die von unseren Angeboten profitieren, und eine harmonische Abstimmung zwischen Beitrag und Belohnung schafft.

2. Die Harmonie des Könnens

- *Die Kunst des Beitrags schaffen:* Persönliche Fähigkeiten stehen im Mittelpunkt der Vermögenssymphonie und sind ein entscheidender Faktor. Verfeinern Sie Ihre Fähigkeiten, erweitern Sie Ihre Fähigkeiten und beobachten Sie, wie sich Ihre Fähigkeit, einen sinnvollen Beitrag zu leisten, verstärkt. Das Gesetz der Vergütung erkennt Meisterschaft und Kompetenzentwicklung als Katalysatoren für höheres Einkommen an und wandelt Ihre Fähigkeiten in Notizen um, die den Erfolg widerspiegeln.

- *Die Meisterschaft des Handwerks:* Anhand von Anekdoten und

Erfolgsgeschichten stellen wir Menschen vor, die ihr Verdienstpotenzial gesteigert haben, indem sie sich der Kunst des Beitragens verschrieben und ihr Handwerk gemeistert haben. So wie ein erfahrener Musiker wunderschöne Melodien erschafft, ermöglicht es Ihnen die Verbesserung Ihrer Fähigkeiten, eine finanzielle Komposition zu orchestrieren, die Erfolg verspricht.

3. Der Rhythmus der Ersetzungsschwierigkeit

- *Die übersehene Essenz entlarven:* In der komplizierten Einkommensgleichung erweist sich die Ersatzschwierigkeit als ein oft übersehener, aber entscheidender Faktor. Es geht nicht nur um Bedürfnisse und Fähigkeiten; Es geht auch um den

Mangel an Personen, die über ähnliche Fähigkeiten verfügen. Diese Knappheit offenbart die Essenz der Einkommensdynamik, bei der die Seltenheit einer Qualifikation den Einzelnen in Szenarien mit hoher Nachfrage und geringem Ersatz treibt.

- *Knappheit als Katalysator:* Während wir das Wesen der Knappheit entlarven, untersuchen wir ihre katalytische Wirkung auf das Einkommen. Knappheit wird zur treibenden Kraft und treibt Menschen mit einzigartigen Fähigkeiten in Positionen mit hoher Nachfrage. Anhand von Fallstudien beleuchten wir den Zusammenhang zwischen Ersatzschwierigkeiten und erhöhtem Einkommensniveau und zeigen, wie

Knappheit eine zentrale Rolle in der Finanzsymphonie spielt.

Durch das Verständnis der Trias aus Bedarf, Fähigkeit und Ersatzschwierigkeit gewinnen Einzelpersonen Einblicke in die Orchestrierung einer klangvollen und harmonischen Finanzkomposition. Dieses komplizierte Zusammenspiel dient als Taktstock für den Dirigenten und führt uns dazu, das wahre Potenzial des Gesetzes der Kompensation zu erschließen.

Persönliche Anekdoten zur Anwendung des Entschädigungsgesetzes

Lassen Sie uns in die realen Erzählungen eintauchen, die mit der Anwendung des Gesetzes der Entschädigung in

Zusammenhang stehen. Diese persönlichen Anekdoten dienen als melodische Echos und veranschaulichen die transformative Kraft der Abstimmung von Bedarf, Fähigkeit und Ersatzschwierigkeiten beim Streben nach finanzieller Harmonie.

1. Die Geschichte von Sarahs harmonischer Ausrichtung

Sarah, eine leidenschaftliche Grafikdesignerin, befand sich an einem Scheideweg. Sie beschloss, in eine Nische vorzudringen, in der ihre kreativen Fähigkeiten die dringenden Bedürfnisse kleiner Unternehmen erfüllten, denen es an optisch ansprechendem Branding mangelte. Als sie ihre Fähigkeiten mit den tiefgreifenden Bedürfnissen ihrer Kundschaft in Einklang brachte, war die

Resonanz spürbar. Die Nachfrage nach ihrer einzigartigen Designkompetenz wuchs und damit auch die finanziellen Belohnungen. Auf ihrer Reise wurde Sarah zu einem lebendigen Beweis für die harmonische Verbindung von Bedürfnissen und Fähigkeiten.

2. Davids Symphonie der Meisterschaft

David, ein aufstrebender Softwareentwickler, wusste, wie wichtig es ist, sein Handwerk zu beherrschen. Er widmete sich dem kontinuierlichen Lernen und blieb über die neuesten technologischen Fortschritte auf dem Laufenden. Als er seine Programmierfähigkeiten verfeinerte und ein Meister seines Fachs wurde, eröffneten sich ihm mühelos neue Möglichkeiten. Seine

Meisterschaft öffnete nicht nur Türen für hochbezahlte Projekte, sondern machte ihn auch zu einem unersetzlichen Aktivposten in einer Technologielandschaft, die nach Fachwissen dürstet.

3. Emilys durch Knappheit bedingter Erfolg

Emily, eine erfahrene Datenanalystin, erkannte den Mangel an Fachkräften, die sich mit einem bestimmten Analysetool auskennen. Als sie die Chance erkannte, widmete sie sich der Beherrschung dieses Werkzeugs und wurde zu einem seltenen Juwel in ihrer Branche. Als Unternehmen sie aufgrund ihrer einzigartigen Fähigkeiten aufsuchten, erlebte Emily einen Anstieg der Nachfrage. Der Mangel an Personen mit ihrem Fachwissen machte sie zu einem

Szenario mit hoher Nachfrage und geringem Ersatz, was zu einem exponentiellen Einkommenswachstum führte.

Diese Anekdoten spiegeln das Gesetz der Entschädigung in der Praxis wider und zeigen die transformative Kraft, die darin liegt, persönliche Fähigkeiten mit gesellschaftlichen Bedürfnissen in Einklang zu bringen und sich in der Landschaft der Knappheit zurechtzufinden. Denken Sie beim Aufnehmen dieser Geschichten darüber nach, wie die Prinzipien von Bedarf, Fähigkeit und Ersatzschwierigkeit ineinandergreifen, um eine Symphonie des finanziellen Erfolgs zu schaffen.

Die Bedeutung der Konzentration auf die Verbesserung der eigenen Fähigkeiten

Bei der großen Inszenierung finanziellen Erfolgs steht der Virtuose im Rampenlicht – der Einzelne, der seine Fähigkeiten ständig verfeinert und verbessert. Lassen Sie uns tiefer in die tiefe Bedeutung eintauchen, die es hat, sich auf die kontinuierliche Verbesserung der eigenen Fähigkeiten zu konzentrieren, ein Crescendo, das durch die Kammern des Gesetzes der Vergütung widerhallt.

1. Meisterschaft enthüllt verborgene Harmonien

Stellen Sie sich einen Pianisten vor, der vor den Tasten sitzt und bei jedem Anschlag eine verborgene Harmonie freischaltet.

Wenn Sie sich dazu verpflichten, Ihr Handwerk zu meistern, offenbaren Sie latente Potenziale und unentdeckte Möglichkeiten. Meisterschaft dient als Katalysator, der gewöhnliche Bemühungen in außergewöhnliche Symphonien verwandelt und Ihre Resonanz in der Welt verstärkt.

2. Erhöhter Wert der Fachkompetenz

Im Bereich der finanziellen Zusammensetzung ist Fachwissen die Währung, die Grenzen überwindet. Indem Sie Ihre Fähigkeiten kontinuierlich verbessern, steigern Sie Ihren Wert auf dem Markt. Je feiner Ihre Fähigkeiten abgestimmt sind, desto gefragter werden Sie und positionieren sich als unschätzbares

Kapital in einer Welt, die nach Exzellenz hungert.

3. Ein dynamischer Tanz mit Innovation

Die Welt ist eine dynamische Tanzfläche der Innovation, und Ihre Fähigkeiten sind die anmutigen Schritte, die diese komplizierte Choreografie steuern. Kontinuierliche Verbesserung stellt sicher, dass Sie mit den sich ständig weiterentwickelnden Rhythmen des Fortschritts Schritt halten. Der Einsatz neuer Techniken, Technologien und Erkenntnisse wird zu einem nahtlosen Teil Ihrer Reise und sorgt dafür, dass Ihre Finanzmelodie frisch und relevant bleibt.

4. Resilienz angesichts des Wandels

Die Verbesserung Ihrer Fähigkeiten dient als Schutzschild gegen die unvorhersehbaren Stürme des Wandels. In einem Umfeld, in dem Anpassungsfähigkeit von entscheidender Bedeutung ist, bietet die Weiterentwicklung Ihrer Fähigkeiten eine belastbare Grundlage. Es ermöglicht Ihnen, Herausforderungen mit Anmut zu meistern, in dem Wissen, dass Ihre Wachstumsfähigkeit eine unerschütterliche Kraft ist, die angesichts von Widrigkeiten unnachgiebig ist.

5. Symphonie der Selbstfindung

Die Reise zur Verbesserung der Fähigkeiten ist auch eine Symphonie der Selbstfindung. Jeder Versuch, Ihre Fähigkeiten zu verbessern, enthüllt Schichten ungenutzten Potenzials und verwandelt das Streben nach

Meisterschaft in eine transformative
Odyssee. Nehmen Sie diese Selbstfindung
als harmonischen Bestandteil Ihrer
persönlichen und finanziellen Entwicklung
an.

Denken Sie beim Navigieren durch die
Korridore der finanziellen Harmonie daran:
Die Konzentration auf die Verbesserung der
eigenen Fähigkeiten ist nicht nur eine
Aufgabe, sondern eine tiefgreifende
Verpflichtung, ein Meisterwerk zu schaffen.
Ihre Fähigkeiten sind die Notizen, die das
Werk Ihres Erfolgs bilden. Denken Sie über
diese Resonanz nach und überlegen Sie, wie
die Melodie der kontinuierlichen
Verbesserung Ihre finanzielle
Zusammensetzung verbessern kann.

Kapitel 6:

Einkommensstrategien

Drei Einkommensstrategien

In der großen Symphonie des Einkommens gibt es drei verschiedene Sätze, von denen jeder eine einzigartige Melodie der finanziellen Orchestrierung komponiert. Betreten wir die Welt der Einkommensstrategien, in der M1, M2 und M3 im Mittelpunkt stehen und jeweils eine entscheidende Rolle im harmonischen Tanz der Vermögensbildung spielen.

1. M1: Der Zeithandels-Tango
Die Choreographie von Zeit für Geld
M1, der erste Satz, ist ein Tanz, der so alt ist wie die Zeit selbst – der Time-Trade-Tango. Hier tauschen Einzelpersonen ihre kostbaren Stunden gegen eine finanzielle Entschädigung ein. Der Rhythmus wird

durch die tickende Uhr bestimmt und die Melodie spiegelt die Erkenntnis wider, dass Zeit eine endliche Ressource ist. Die Herausforderung besteht darin, den Sättigungspunkt zu vermeiden, an dem die Tanzfläche der Zeit überfüllt wird und die Verdienstmöglichkeiten eingeschränkt werden.

Das Sättigungsrätsel

Die Sättigung ist der stille Gegner in diesem Tanz und flüstert Warnungen vor sinkenden Erträgen. Wenn die Nachfrage nach zeitintensiven Dienstleistungen ihren Höhepunkt erreicht, stagniert das Einkommenswachstum. Es ist eine heikle Balance, und wer sich mit den Nuancen des Zeitmanagements auskennt, beherrscht diesen Tango mit Finesse.

2. M2: Der Reichtumswalzer

Investition als Choreographie

Der zweite Satz, M2, führt uns in den Wealth Waltz ein – einen Tanz, bei dem Geld durch strategische Investitionen Geld erzeugt. Die Teilnehmer dieses Walzers sind Finanzarchitekten, die Kapital nutzen, um eine Einkommenssymphonie zu schaffen. Die Choreografie besteht darin, lukrative Möglichkeiten zu identifizieren, eine Due-Diligence-Prüfung durchzuführen und die Mittel dem Rhythmus des Gesamtwachstums anzuvertrauen.

Der Tanz der finanziellen Besonnenheit

M2 erfordert die Beherrschung finanzieller Umsicht, wobei die Teilnehmer kalkulierte

Bewegungen auf der Tanzfläche der Investitionen ausführen. Es ist ein Tanz zwischen Risiko und Ertrag, bei dem der Erfolg nicht nur an den ersten Schritten gemessen wird, sondern auch am anmutigen Rhythmus eines nachhaltigen Finanzwachstums.

3. M3: Die Harmonie mehrerer Streams

Eine Symphonie aus Einkommensströmen schaffen

Der letzte Satz, M3, enthüllt die Harmonie mehrerer Ströme – eine Symphonie, in der Einzelpersonen zu Dirigenten ihres finanziellen Schicksals werden. M3 ist der Tanz von Unternehmern und Visionären, die einen Chor von Einnahmen aus verschiedenen Quellen inszenieren. Von Affiliate-Marketing bis hin zu globalen Kooperationen beherrschen M3-Teilnehmer die Kunst der Diversifizierung.

Die endlose Symphonie

M3 ist grenzenlos und die Teilnehmer weben eine endlose Symphonie von Einnahmequellen. Der Zauber liegt in der Fähigkeit, mehrere Quellen zu etablieren und zu pflegen, um sicherzustellen, dass keine einzelne Note die finanzielle Zusammensetzung bestimmt. Es ist ein Tanz der Innovation, Anpassungsfähigkeit und der unermüdlichen Suche nach neuen Möglichkeiten.

Berücksichtigen Sie zum Abschluss dieser Erkundung der Einkommensstrategien die

Bewegungen, die mit Ihren finanziellen Zielen übereinstimmen. Sind Sie in den Time-Trade-Tango verwickelt, walzen Sie anmutig durch den Wealth Waltz oder orchestrieren die Harmonie mehrerer Ströme? Die Bühne ist bereit, die Musik spielt und Sie haben die Wahl des Tanzes. Fühlen Sie sich frei, Ihre Überlegungen mitzuteilen oder die Symphonie mit dem nächsten Satz fortzusetzen.

Die Einschränkungen von M1 (Zeit gegen Geld handeln) und M2 (Geld investieren)

Im großen Ballett der Einkommensstrategien hat jede Bewegung ihre Eleganz, aber es ist wichtig, die Einschränkungen zu erkennen, die mit jedem Tanz einhergehen. Lassen Sie uns M1 und M2 ins Rampenlicht rücken, ihre Feinheiten analysieren und die inhärenten Einschränkungen verstehen, die sie auf der Finanzebene mit sich bringen.

1. M1: Das Dilemma des Zeithandels-Tangos

Das Sättigungsproblem

Im Time-Trade-Tango (M1), wo Stunden gegen Finanznoten getauscht werden, tritt eine ergreifende Einschränkung zutage – die Sättigung. Die Tanzfläche der Zeit hat ihre Grenzen, und wenn man bestrebt ist, den Gewinn durch mehr Stunden zu steigern, wird ein kritischer Punkt erreicht. Die Sättigung setzt ein und der einst lebhafte Tanz verwandelt sich in eine sich wiederholende Routine. Je mehr man tanzt, desto weniger Handlungsspielraum gibt es und desto geringer ist das Potenzial für ein höheres Einkommen.

Das prekäre Gleichgewicht

Die Einschränkung von M1 liegt in seinem empfindlichen Gleichgewicht. Während Zeit ein wertvolles Gut ist, wird es zu einer prekären Angelegenheit, sich ausschließlich auf diesen Austausch zu verlassen. Die Herausforderung besteht darin, das Gleichgewicht zu wahren und die Gefahren von Burnout und Zeitknappheit zu vermeiden. Das Verständnis der Grenzen von M1 wirft die Frage auf: Kann der Tanz der Zeit seine Grenzen überschreiten?

2. M2: Die Vorbehalte des Wealth Waltz

Das Risiko-Rendite-Gambit

Während wir in das Reich des Wealth Waltz (M2) vordringen, in dem Geld im Tanz der Investitionen wirbelt, kommt eine nuancierte Einschränkung zum Vorschein – das Risiko-Rendite-Gambit. M2 verspricht zwar finanzielles Wachstum durch strategische Investitionen, erfordert aber auch eine sorgfältige Risikobewertung. Nicht alle Investitionsschritte führen zum Crescendo des Reichtums; einige können zu einem dissonanten Hinweis auf einen finanziellen Verlust führen.

Der Tanz der Marktvolatilität

M2-Teilnehmer navigieren auf der unvorhersehbaren Tanzfläche der

Marktvolatilität. Die Einschränkung liegt in den unkontrollierbaren externen Faktoren, die die Finanzbewegungen beeinflussen. Ein Fehltritt beim Wealth Waltz kann zu finanziellen Rückschlägen führen, was die Bedeutung einer fundierten Choreografie im Bereich Investitionen unterstreicht.

Das Erkennen der Grenzen von M1 und M2 ist kein Aufruf, diese Tänze aufzugeben, sondern eine Einladung, bewusst zu tanzen. Während wir unsere Erforschung von Einkommensstrategien fortsetzen, verspricht die nächste Bewegung, M3, eine Symphonie von Möglichkeiten, die diese Einschränkungen überschreitet. Sind Sie bereit, die Harmonie mehrerer Ströme zu entdecken, in der sich die Zwänge von Zeit und Investitionen in eine endlose

Komposition finanzieller Fülle verwandeln?
Seien Sie gespannt auf das nächste
Crescendo unserer Finanzsymphonie.

Die Macht von M3, wo mehrere Einnahmequellen zu finanziellem Überfluss führen

Im komplexen Ballett der
Einkommensstrategien erweist sich ein
bestimmter Tanz als harmonische
Symphonie – der Tanz von M3. Im
Gegensatz zu seinen Gegenstücken
verspricht M3, die Harmonie mehrerer
Streams, eine finanzielle Zusammensetzung,
die über die Zwänge von Zeit und
Investitionen hinausgeht. Treten wir ins
Rampenlicht und entdecken wir die Macht,

die in der Choreografie mehrerer Einnahmequellen steckt.

1. Das Crescendo der Diversifikation
Der Tanz der Fülle

Beim M3-Walzer sind die Tanzpartner nicht auf Zeit oder eine einmalige Investition beschränkt; Stattdessen handelt es sich um vielfältige Einkommensquellen. Der Zauber liegt in der Fülle dieser facettenreichen Choreografie. Während jeder Stream seine einzigartigen Noten beisteuert, erreicht die Symphonie ein Crescendo des finanziellen Wohlstands. Die Stärke von M3 beruht auf der Fähigkeit, eine Vielzahl von Einkommensquellen zu orchestrieren und so einen kontinuierlichen Fluss des Überflusses sicherzustellen.

Die Grenzen durchbrechen

Im Gegensatz zu den Beschränkungen von M1 und M2 beseitigt M3 die Grenzen, die traditionelle Einkommensstrategien einschränken. Der Tänzer, der M3 annimmt, sieht sich nicht mehr den Zwängen eines gesättigten Zeithandels oder des Risiko-Rendite-Gambits ausgesetzt. Stattdessen genießen sie die Freiheit, verschiedene Wege zu erkunden und jede potenzielle Einschränkung in eine Chance für finanzielles Wachstum zu verwandeln.

2. Die synchronisierte Bewegung
Ein Tanz der Koordination

M3 ist kein chaotisches Ensemble unterschiedlicher Bewegungen; Es ist ein synchronisierter Tanz, bei dem jeder Strom den anderen ergänzt. Der Teilnehmer wird zum Dirigenten dieser Finanzsymphonie und orchestriert die Bewegungen, um eine harmonische Melodie zu schaffen. Die Koordinationskraft sorgt dafür, dass der Tanz flüssig bleibt und sich jede Einnahmequelle nahtlos in die Gesamtkomposition einfügt.

Resilienz in der Vielfalt

Eine der bemerkenswertesten Eigenschaften von M3 ist seine Widerstandsfähigkeit. Wenn eine Einnahmequelle auf eine Herausforderung stößt, behalten die anderen den Rhythmus bei. Der Tänzer ist nicht auf eine einzige Quelle angewiesen und diese Vielfalt schützt vor finanziellen Abschwüngen. M3 verkörpert im Wesentlichen den Grundsatz, nicht alle finanziellen Eier in einen Korb zu legen.

3. Das Finale: Finanzielle Freiheit
Der Höhepunkt der Meisterschaft

Während der Tänzer die Kunst beherrscht, mehrere Einnahmequellen zu orchestrieren, erwartet ihn ein großes Finale: finanzielle Freiheit. Das ultimative Versprechen von M3 ist die Befreiung von den Zwängen, die traditionelle Einkommensstrategien binden. Der Tänzer wird zum Architekten seines finanziellen Schicksals und dirigiert eine Symphonie des Überflusses, die jeden Aspekt des Lebens widerspiegelt.

Im großen Finale unseres Finanzballetts steht M3 als Inbegriff von Macht und Überfluss. Sind Sie bereit, die Harmonie mehrerer Ströme anzunehmen, in der sich finanzielle Beschränkungen auflösen und der Tanz zu einem Crescendo des Wohlstands führt? Treten Sie dem Ensemble bei und lassen Sie sich von der Symphonie von M3 zum Gipfel der finanziellen Freiheit führen

Kapitel 7:

Jahreseinkommen in
Monatseinkommen umwandeln

Aufbau mehrerer Einnahmequellen weltweit

Im weitläufigen Konzertsaal globaler Möglichkeiten erfordert die Orchestrierung Ihrer Finanzmelodie eine Denkweise, die Grenzen überschreitet. Wenn Sie die globale Bühne betreten, beachten Sie die folgenden Hinweise, um sicherzustellen, dass Ihre Komposition weltweit Anklang findet.

Geld spricht wie Musik eine universelle Sprache. Um mehrere Einnahmequellen weltweit aufzubauen, müssen Sie sich zunächst darüber im Klaren sein, dass Ihre finanzielle Zusammensetzung von Menschen aus verschiedenen Teilen der Welt verstanden und geschätzt werden kann. Umfassen Sie die Vielfalt der Währungen, Märkte und Kulturen und verweben Sie sie in das reiche Geflecht Ihrer globalen Symphonie.

Jedes Land und jede Kultur trägt einzigartige Harmonien zur globalen Finanzsymphonie bei. Nehmen Sie sich die Zeit, die Nuancen verschiedener Märkte, Verbraucherverhalten und Wirtschaftslandschaften zu verstehen. Durch die Harmonisierung mit den kulturellen Nuancen wird Ihre Finanzmelodie klangvoller und für ein globales Publikum ansprechender.

Im digitalen Zeitalter sind Ihre Instrumente nicht an einen bestimmten Ort gebunden. Nutzen Sie die Leistungsfähigkeit der Technologie, um digitale Instrumente zu entwickeln, die auf der globalen Bühne gespielt werden können. Entdecken Sie Online-Plattformen, E-Commerce und digitale Dienste, um die Reichweite Ihrer Finanzzusammensetzung über geografische Grenzen hinaus zu erweitern.

Bauen Sie ein vielfältiges Orchester globaler Verbindungen auf. Networking überschreitet Grenzen, und in der Welt der vielfältigen Einnahmequellen wird Ihr Netzwerk zum Ensemble, das Ihre Finanzmelodie unterstreicht. Vernetzen Sie sich mit Fachleuten, Unternehmern und Gleichgesinnten auf der ganzen Welt, um ein Netzwerk aufzubauen, das Erfolg verspricht.

Um weltweit mehrere Einnahmequellen zu erschließen, nutzen Sie die Vielfalt. Ihre globale Zusammensetzung kann Affiliate-Marketing, Online-Kurse, E-Commerce-Unternehmen und mehr umfassen. Jede Einnahmequelle trägt eine einzigartige Note zur Symphonie bei und stellt sicher, dass Ihre Finanzmelodie nicht auf eine einzige Melodie beschränkt ist, sondern auf der ganzen Welt Resonanz findet.

Das Zeitalter der Fernarbeit öffnet die Türen zur globalen Zusammenarbeit. Unabhängig davon, ob Sie Dienstleistungen anbieten, beraten oder digitale Produkte entwickeln, können Sie durch die Möglichkeit, aus der Ferne zu arbeiten, ein globales Publikum erschließen. Nutzen Sie die Flexibilität der Fernarbeit, während Sie Ihre

Finanzsymphonie mit globaler Resonanz komponieren.

Wenn Sie weltweit mehrere Einnahmequellen erschließen, stellen Sie sich das große Finale vor – eine Symphonie ohne Grenzen. Ihre auf der globalen Bühne gespielte Finanzkomposition hat das Potenzial, ein breites Publikum zu erreichen. Das Crescendo führt zu weltweitem Überfluss, wo sich die Grenzen traditioneller Einkommensstrategien auflösen und Ihre Melodie zu einer globalen Hymne des Wohlstands wird.

Im großen Konzert der Vermögensbildung sorgt die Schaffung mehrerer globaler Einnahmequellen dafür, dass Ihre Finanzmelodie über alle Kontinente hinweg nachhallt. Entfesseln Sie die Kraft einer globalen Symphonie und lassen Sie Ihre Komposition in jedem Winkel der Welt hören und feiern. Die Bühne ist bereitet; Es ist Zeit, dass Ihre globale Vermögenssymphonie im Mittelpunkt steht.

Die Idee, Jahreseinkommen in Monatseinkommen umzuwandeln

In der Welt der Finanzorchestrierung erfordert das Konzept, das Jahreseinkommen in ein monatliches Meisterwerk zu verwandeln, die Präzision eines Dirigenten und den Einfallsreichtum eines Komponisten. Berücksichtigen Sie auf dieser transformativen Reise die folgenden Schritte, um sicherzustellen, dass Ihre finanzielle Symphonie das ganze Jahr über harmonisch klingt.

Verstehen Sie die jährliche Zusammensetzung Ihres Einkommens und erkennen Sie die Höhen und Tiefen, die Höhen und den Rest. Das Jahreseinkommen folgt häufig Zyklen, die von Jahreszeiten, Markttrends und wirtschaftlichen Schwankungen beeinflusst werden. Analysieren Sie diese Notizen sorgfältig, um sich auf die Transformation der Symphonie vorzubereiten.

Legen Sie klare finanzielle Ziele für das Jahr fest. Definieren Sie die Zusammensetzung, die Sie erstellen möchten – sei es die Steigerung der Einnahmequellen, die Diversifizierung der Einnahmen oder die

Einführung neuer Finanzinitiativen. Ihre jährliche Komposition dient als Grundlage für die transformative Symphonie, die Sie erstellen möchten.

Teilen Sie Ihre Jahreskomposition in zwölf Sätze auf, die jeweils einen Monat darstellen. Die Aufschlüsselung des Scores ermöglicht eine detailliertere Analyse und hilft Ihnen, Muster, Spitzenzeiten und Möglichkeiten für finanzielle Höhenflüge zu erkennen. Jeder Monatssatz trägt zur Gesamtsymphonie bei.

Führen Sie das Konzept der monatlichen Einkommensströme ein. Anstatt sich ausschließlich auf jährliche Pauschalbeträge zu verlassen, schaffen Sie Einkommensströme, die jeden Monat gleichmäßig fließen. Entdecken Sie Möglichkeiten für wiederkehrende Einnahmen, Abonnementmodelle und laufende Projekte, die zur monatlichen Resonanz Ihrer Finanzsymphonie beitragen.

Konsistenz ist der Schlüssel zum Erreichen des Crescendos der monatlichen Einkommenstransformation.
Implementieren Sie Strategien, die skalierbare und konsistente Einnahmequellen ermöglichen. Dies kann die Erweiterung bestehender Projekte, die Einführung neuer Produkte oder die Erschließung neuer Märkte umfassen, die zu Ihrer finanziellen Zusammensetzung passen.

Bilden Sie strategische Allianzen, die Ihre monatlichen Crescendos verstärken. Arbeiten Sie mit Partnern, verbundenen Unternehmen oder Unternehmen zusammen, die Ihre finanzielle Symphonie ergänzen. Strategische Allianzen steigern nicht nur Ihr monatliches Einkommen, sondern tragen auch vielfältige Harmonien zum Gesamtgefüge bei.

Das ultimative Ziel besteht darin, das ganze Jahr über finanzielle Harmonie zu erreichen. Da monatliche Einkommensströme vorhanden sind, spielt die Symphonie eine kontinuierliche Melodie und beseitigt die Lücken und Stille, die oft mit traditionellen jährlichen Einkommenszyklen einhergehen. Das Finale ist eine nahtlose Mischung monatlicher

Harmonien, die das ganze Jahr über widerhallen.

Wenn sich Ihre Finanzsymphonie weiterentwickelt, sollten Sie darüber nachdenken, erneut in Strategien zu investieren, die die Komposition verbessern. Verfeinern Sie Ihre finanziellen Ziele, erkunden Sie neue Möglichkeiten und optimieren Sie die Orchestrierung. Der Weg, das Jahreseinkommen in ein monatliches Meisterwerk zu verwandeln, ist eine fortlaufende Komposition, die von Anpassung und Verfeinerung lebt.

Bei der großen Leistung der finanziellen Transformation erfordert die Umwandlung des Jahreseinkommens in eine monatliche Symphonie die Weitsicht eines Dirigenten und die Verpflichtung, eine harmonische Komposition zu schaffen. Lassen Sie die transformative Ouvertüre beginnen und möge Ihre finanzielle Symphonie das ganze Jahr über Fülle und Wohlstand widerspiegeln.

Erfolgsgeschichten von Einzelpersonen, die durch diesen Ansatz finanzielle Freiheit erlangt haben

In der großartigen Orchestrierung finanzieller Unternehmungen entstehen Erfolgsgeschichten als kraftvolle Melodien, die aufstrebende Dirigenten inspirieren und Anklang finden. Lassen Sie uns in die transformativen Geschichten von Menschen eintauchen, die ihren Weg von finanziellen

Zwängen zum befreienden Crescendo des Überflusses organisiert haben.

Sarah Harmon
Sarah, eine aufstrebende Unternehmerin, war in der Monotonie einer einzigen Einnahmequelle gefangen. Sie war fest entschlossen, sich zu befreien und nahm das Konzept mehrerer Einnahmequellen an. Sarah begann mit einem Nebengeschäft und erweiterte nach und nach ihre Unternehmungen, darunter E-Commerce, Affiliate-Marketing und Beratung. Jeder Strom harmonierte mit den anderen und schuf eine Symphonie der finanziellen Fülle. Innerhalb eines Jahres verwandelte Sarah ihr Jahreseinkommen in ein monatliches Meisterwerk und erlebte neue Freiheit und Flexibilität.

Alex Crescendo

Alex, ein erfahrener Handwerker, war zunächst auf sporadische Provisionen angewiesen, um sein Einkommen zu erzielen. Alex erkannte die Notwendigkeit eines konsistenteren Finanzrhythmus und ging dazu über, monatliche Einkommensströme zu schaffen. Indem er abonnementbasierte Dienste anbot, Workshops veranstaltete und mit Kunstbegeisterten zusammenarbeitete, verwandelte Alex das Sporadische in eine Symphonie nachhaltigen Einkommens. Die monatlichen Crescendos sorgten nicht nur für finanzielle Stabilität, sondern ermöglichten Alex auch, neue künstlerische Unternehmungen zu erkunden.

Mark Harmon

Mark, ein erfahrener Fachmann, verstand die Macht strategischer Allianzen. Durch den Aufbau von Partnerschaften mit gleichgesinnten Einzelpersonen und Unternehmen schuf Mark ein Netzwerk, das zu seiner Finanzsymphonie beitrug. Kooperationsprojekte, Joint Ventures und gemeinsame Unternehmungen wurden zu festen Bestandteilen in Marks Komposition. Die strategischen Kooperationen steigerten nicht nur Marks monatliches Einkommen, sondern erweiterten auch seine Reichweite und seinen Einfluss innerhalb seiner Branche.

Melissa ist melodisch

Melissa, eine zukunftsorientierte Investorin, begrüßte die Idee der Reinvestition und kontinuierlichen Weiterentwicklung. Anstatt sich auf anfänglichen Erfolgen auszuruhen, reinvestierte Melissa ihre Gewinne strategisch. Die Diversifizierung in neue Märkte, die Optimierung bestehender Unternehmungen und das Gespür für sich entwickelnde Trends wurden zum Markenzeichen von Melissas Finanzsymphonie. Das Ergebnis? Eine ganzjährige Harmonie anhaltenden Wohlstands, in der jede gespielte Finanznote zur fortlaufenden Gestaltung des Wohlstands beitrug.

Diese Geschichten beleuchten das transformative Potenzial, das Jahreseinkommen in eine monatliche

Symphonie umzuwandeln. Diese Personen mit unterschiedlichem Hintergrund und unterschiedlichen Branchen haben ihre finanziellen Meisterwerke geschaffen, indem sie sich an den Prinzipien eines konsistenten Einkommens, einer strategischen Zusammenarbeit und einer kontinuierlichen Weiterentwicklung orientierten. Während Sie sich auf Ihre eigene finanzielle Reise begeben, mögen diese Erzählungen Sie dazu inspirieren, Ihre einzigartige Symphonie des Erfolgs zu komponieren.

Kapitel 8:
Die sich verändernde Welt und vielfältige Einkommensquellen

Der globale Wandel der Geschäftsmöglichkeiten

In der sich ständig weiterentwickelnden Melodie der Geschäftswelt hat ein bedeutender Wandel eine globale Symphonie von Möglichkeiten geschaffen. Während wir uns durch die Harmonien des 21. Jahrhunderts bewegen, verschwinden die traditionellen Grenzen des Handels und es entsteht eine neue Ära vernetzter Unternehmungen und umfangreicher Möglichkeiten.

Die Enthüllung globaler Chancen

1. Grenzenlose Konnektivität

Das digitale Zeitalter hat ein komplexes Netz der Konnektivität geschaffen, das geografische Grenzen überwindet. Unternehmer können jetzt Geschäftsbeziehungen mit Einzelpersonen und Organisationen weltweit aufbauen und pflegen. Diese Vernetzung hat die Geschäftslandschaft in eine grenzenlose Leinwand verwandelt, auf der Chancen weltweit Anklang finden.

2. Remote-Zusammenarbeit

Das Aufkommen fortschrittlicher Kommunikationstechnologien hat Berufstätige von den Zwängen der physischen Anwesenheit befreit. Remote-Zusammenarbeit ist nicht nur machbar, sondern auch vorteilhaft geworden. Über verschiedene Kontinente verstreute Teams können nahtlos zusammenarbeiten und ihre einzigartigen

Notizen in die globale Geschäftszusammensetzung einbringen.

3. E-Commerce und digitale Plattformen

Der Aufstieg von E-Commerce und digitalen Plattformen hat die Art und Weise, wie Waren und Dienstleistungen ausgetauscht werden, neu definiert. Unternehmer können jetzt mit wenigen Klicks einen globalen Marktplatz erschließen und Verbraucher in entlegenen Teilen der Welt erreichen. Diese Demokratisierung des Marktzugangs hat es kleinen Unternehmen ermöglicht, auf globaler Ebene zu konkurrieren.

Die Symphonie der Vielfalt und Innovation

1. Kulturelle Fusion

Während sich Geschäftsgrenzen auflösen, machen sich Unternehmer den Reichtum der kulturellen Vielfalt zu eigen. Durch die Zusammenarbeit unterschiedlicher Perspektiven und Herangehensweisen entsteht eine harmonische Verschmelzung von Ideen. Die Symphonie des globalen Geschäfts wird durch die vielfältigen Melodien bereichert, die von Menschen mit unterschiedlichem kulturellen Hintergrund beigesteuert werden.

2. Innovationsbeschleunigung

Der globale Wandel hat das Innovationstempo beschleunigt. Ideen verbreiten sich heute in beispielloser Geschwindigkeit und führen zur rasanten Entwicklung bahnbrechender Produkte und

Dienstleistungen. Unternehmer, die im Einklang mit der globalen Symphonie bleiben möchten, stehen an vorderster Front, wenn es darum geht, diese Kultur der kontinuierlichen Innovation zu übernehmen und zu ihr beizutragen.

3. Schwellenländer als Crescendos

Schwellenländer, einst ferne Echos, sind heute integraler Bestandteil der globalen Geschäftsstruktur. Unternehmer mit einem scharfen Gespür dafür, Chancen in diesen Märkten zu erkennen und zu nutzen, orchestrieren erfolgreiche Bewegungen in der Symphonie des globalen Handels.

Navigieren in der globalen Harmonie

1. Strategische Vernetzung

Unternehmer, die eine bedeutende Rolle in der globalen Symphonie spielen möchten, legen Wert auf strategische Vernetzung. Der Aufbau von Verbindungen zu Fachleuten auf der ganzen Welt öffnet Türen für Kooperationen, Partnerschaften und Unternehmungen, die über Grenzen hinausgehen.

2. Technologische Beherrschung

Die Beherrschung modernster Technologien ist der Dirigentenstab im globalen Business-Orchester. Unternehmer, die mit den neuesten Tools für Kommunikation, Automatisierung und Datenanalyse ausgestattet sind, sind gut aufgestellt, um ihre Unternehmungen zum harmonischen Erfolg zu führen.

3. Kulturelle Intelligenz

Unterschiedliche Kulturen zu verstehen und zu respektieren, ist für Unternehmer, die sich auf der globalen Bühne bewegen wollen, mit der Abstimmung eines Instruments vergleichbar. Kulturelle Intelligenz stellt sicher, dass Geschäftsinteraktionen mit Sensibilität und Authentizität durchgeführt werden.

Während der globale Wandel der Geschäftsmöglichkeiten weiterhin neue Melodien komponiert, sind Unternehmer, die auf die sich entwickelnde Symphonie eingestellt sind, am besten in der Lage, den Erfolg auf globaler Ebene zu orchestrieren. Die Bühne ist bereitet, die Instrumente sind gestimmt und die globale Wirtschaftssymphonie lädt visionäre

Unternehmer ein, ihre einzigartigen Noten zur ständig wachsenden Zusammensetzung des globalen Wohlstands beizutragen.

Schrumpfende Welt aufgrund technologischer Fortschritte

In der großen Symphonie des menschlichen Fortschritts haben sich die technologischen Fortschritte als Meister erwiesen und einen tiefgreifenden Wandel herbeigeführt – die Schrumpfung unserer Welt. Während der Stab der Innovation seine majestätischen Bewegungen ausführt, rücken die einst weiten und fernen Horizonte nun näher und schaffen eine harmonische Konvergenz von Kulturen, Ideen und Möglichkeiten.

Das Crescendo der Konnektivität

1. Digitale Fäden, die Einheit weben

Das Aufkommen des Internets hat ein komplexes Netz der Konnektivität geschaffen, das Einzelpersonen, Unternehmen und Gesellschaften über Kontinente hinweg miteinander verbindet. Was einst eine Welt isolierter Melodien war, hat sich nun zu einer globalen Komposition entwickelt, in der Informationen, Ideen und Innovationen nahtlos fließen.

2. Soziale Medien als melodische Brücke

Social-Media-Plattformen dienen als Resonanzbrücken, die Herzen und Köpfe auf der ganzen Welt verbinden. Von persönlichen Verbindungen bis hin zu geschäftlichen Kooperationen verstärken diese digitalen Wege die menschliche Erfahrung, verringern die wahrgenommenen Distanzen zwischen Einzelpersonen und fördern das Gefühl einer globalen Gemeinschaft.

3. Echtzeitkommunikation

Technologische Wunder wie Videokonferenzen und Instant Messaging haben das Raum-Zeit-Kontinuum komprimiert. Gespräche, die früher Tage oder Wochen dauerten, können jetzt in Echtzeit stattfinden, wodurch die Verzögerungen, die einst Kontinente trennten, beseitigt werden. Die Welt bewegt sich mit der Geschwindigkeit eines gemeinsamen Herzschlags.

Der harmonische Gedankenaustausch

1. Offener Zugang zu Wissen

Das digitale Zeitalter hat das Wissen demokratisiert und Informationen zu einer universellen Symphonie gemacht, die für alle zugänglich ist. Die Barrieren zum Lernen und Entdecken sind gefallen, sodass Menschen auf der ganzen Welt ihre einzigartigen Noten zur kollektiven Melodie des menschlichen Verständnisses beitragen können.

2. Kollaborative Innovation

Innovation, die einst auf isolierte Teile der Welt beschränkt war, blüht heute in

Gemeinschaftsgärten, die sich über den gesamten Globus erstrecken. Unternehmer und Kreative mit unterschiedlichem Hintergrund bringen ihre Fähigkeiten in Einklang und bringen die Menschheit durch kollektiven Einfallsreichtum voran.

3. Die erweiterten Horizonte der virtuellen Realität

Die virtuelle Realität hat die Grenzen der physischen Präsenz überwunden und ermöglicht es Einzelpersonen, entfernte Landschaften zu erkunden, immersive Erlebnisse zu erleben und Geschäftstreffen so abzuhalten, als würden sie sich im selben Raum befinden. Die Grenzen der Wahrnehmung haben sich aufgelöst und ein tiefes Gefühl der Verbundenheit entsteht.

Die Symphonie der wirtschaftlichen Chancen

1. E-Commerce als globaler Marktplatz

E-Commerce-Plattformen haben den globalen Markt in einen geschäftigen Basar verwandelt, auf dem Käufer und Verkäufer ohne geografische Einschränkungen zusammenkommen. Unternehmer können ihre Angebote einem weltweiten Publikum präsentieren und sich so mit beispielloser Leichtigkeit auf dem internationalen Markt zurechtfinden.

2. Die allgegenwärtige Harmonie der Remote-Arbeit

Der Aufstieg der Fernarbeit hat dazu geführt, dass Fachkräfte an bestimmte

Standorte gebunden sind, sodass Unternehmen auf einen globalen Pool an Talenten zugreifen können. Der Arbeitsplatz ist nicht mehr auf ein physisches Büro beschränkt, sondern erstreckt sich auf jeden Winkel der Welt, wo Fähigkeiten und Fachwissen vorhanden sind.

3. Erfolgsgeschichten des digitalen Unternehmertums

Digitales Unternehmertum kennt keine Grenzen. Innovatoren und Visionäre können ihre Unternehmungen weltweit starten und skalieren und dabei digitale Plattformen nutzen, um unterschiedliche Zielgruppen zu erreichen. Die Symphonie der wirtschaftlichen Möglichkeiten erklingt mit dem Unternehmergeist, der aus allen Teilen der vernetzten Welt widerhallt.

Navigieren durch die technologische Symphonie

1. Anpassungsfähigkeit als Dirigentenstab

In der Symphonie des technischen Fortschritts ist Anpassungsfähigkeit der Taktstock des Dirigenten. Unternehmer, die die Kraft der sich entwickelnden Technologien annehmen und nutzen, führen ihre Unternehmen mit Agilität und Widerstandsfähigkeit.

2. Interkulturelle technologische Kompetenz

Technologische Kompetenz geht über die Funktionalität hinaus; Es umfasst ein Verständnis dafür, wie Technologie mit verschiedenen Kulturen interagiert. Unternehmer, die diesen interkulturellen Dialog beherrschen, navigieren mit kultureller Sensibilität und Bewusstsein durch die globale Landschaft.

3. Ethische technologische Führung

Da die Technologie weiterhin unsere Welt prägt, wird ethische Führung immer wichtiger. Unternehmer, die ihre Unternehmungen durch die Technologielandschaft leiten, müssen ethische Überlegungen in den Vordergrund stellen und sicherstellen, dass der Fortschritt mit gemeinsamen menschlichen Werten im Einklang steht.

Die Symphonie des technologischen Fortschritts spielt weiter und webt einen

Teppich aus Verbundenheit und Einheit. Unternehmer, die auf die Rhythmen dieser harmonischen Konvergenz eingestellt sind, navigieren mit Anmut durch die schrumpfende Welt und tragen ihre einzigartigen Noten zur globalen Komposition von Fortschritt und gemeinsamem Wohlstand bei. Die Welt schrumpft zwar, aber die Möglichkeiten für diejenigen, die mit dem technologischen Fortschritt harmonieren, sind grenzenlos.

Nutzung von Verbindungen und Zugehörigkeiten weltweit zur Einkommensgenerierung

In der großen Orchestrierung globaler Chancen findet die Melodie des Erfolgs oft ihren Widerhall in den harmonischen

Verbindungen und Zugehörigkeiten, die über Grenzen hinweg geknüpft werden. Als Unternehmer stehen wir am Abgrund einer Welt, in der der Austausch von Ideen, Kooperationen und Zugehörigkeiten der Schlüssel zum Öffnen der Türen des Überflusses ist. Lassen Sie uns untersuchen, wie die Nutzung von Verbindungen auf globaler Ebene eine Symphonie der Einkommensgenerierung bilden kann.

Die Ouvertüre zum Networking

1. Die transformative Kraft des Networking

Networking überschreitet geografische Grenzen und verwandelt die Geschäftslandschaft in eine expansive Bühne. Der Aufbau sinnvoller

Verbindungen auf globaler Ebene öffnet Türen zu vielfältigen Möglichkeiten und ermöglicht es Unternehmern, auf ein riesiges Reservoir an Wissen, Partnerschaften und potenziellen Kunden zuzugreifen.

2. Zugehörigkeiten als gemeinschaftliche Crescendos

Zugehörigkeiten, sei es zu Einzelpersonen oder Organisationen, schaffen gemeinschaftliche Höhepunkte in der unternehmerischen Symphonie. Die Partnerschaft mit gleichgesinnten Unternehmen auf globaler Ebene verstärkt die Wirkung von Unternehmungen und fördert Innovation und gemeinsamen Erfolg.

3. Digitale Plattformen als Networking-Arenen

Digitale Plattformen dienen als Schauplätze der globalen Vernetzung. Soziale Medien, Fachforen und virtuelle Konferenzen schaffen Räume, in denen Unternehmer mit einem globalen Publikum in Kontakt treten, Ideen austauschen und grenzüberschreitende Verbindungen knüpfen können.

Die Melodie globaler Zugehörigkeiten

1. Die Resonanz des Affiliate-Marketings

Affiliate-Marketing entwickelt sich zu einer kraftvollen Melodie in der Welt der Einkommensgenerierung. Unternehmer können mit Partnern auf der ganzen Welt zusammenarbeiten, die Reichweite von Produkten oder Dienstleistungen erweitern und durch gemeinsame Anstrengungen einen harmonischen Einkommensfluss schaffen.

2. Grenzüberschreitende Zusammenarbeit

Die Zusammenarbeit mit Einzelpersonen und Unternehmen aus verschiedenen Teilen der Welt verleiht unternehmerischen Bemühungen eine Fülle. Grenzüberschreitende Kooperationen nutzen vielfältiges Fachwissen, kulturelle Erkenntnisse und Marktnuancen und führen zu einer Erfolgssymphonie, die weltweit Anklang findet.

3. Globale Partnerschaften als harmonische Allianzen

Der Aufbau globaler Partnerschaften gleicht dem Aufbau harmonischer Allianzen. Unternehmer können sich mit internationalen Kollegen zusammenschließen, um für beide Seiten vorteilhafte Unternehmungen zu gründen, die Stärken des anderen zu nutzen und den Umfang der Einkommensgenerierung zu erweitern.

Die Symphonie des digitalen Unternehmertums

1. Die digitale Bühne nutzen

Der digitale Raum dient Unternehmern als universelle Bühne, auf der sie ihre Talente präsentieren können. Durch die Nutzung globaler Verbindungen können Einzelpersonen ihre Angebote einem weltweiten Publikum präsentieren und digitales Unternehmertum in eine Symphonie einkommensgenerierender Möglichkeiten verwandeln.

2. Aufbau eines weltweiten Kundenstamms

Unternehmer können einen Kundenstamm pflegen, der sich über Kontinente erstreckt. Der globale Markt wird zu einer Leinwand, auf der Produkte und Dienstleistungen bei unterschiedlichen Zielgruppen Anklang finden und einen nachhaltigen Einkommensfluss von Kunden auf der ganzen Welt schaffen.

3. Digitaler Nomadismus und unternehmerische Freiheit

Der Aufstieg des digitalen Nomadentums ermöglicht es Unternehmern, die Welt zu bereisen und gleichzeitig ihren Geschäftsbetrieb aufrechtzuerhalten. Diese neu gewonnene Freiheit ermöglicht die Erkundung verschiedener Märkte, den Aufbau globaler Verbindungen und die Orchestrierung von Einnahmequellen aus jedem Winkel der Welt.

Navigieren im globalen Score

1. Kulturelle Sensibilität in globalen Verbindungen

Das Verstehen und Respektieren verschiedener Kulturen ist für die Bewältigung globaler Verbindungen von entscheidender Bedeutung. Unternehmer, die mit kultureller Sensibilität an globale Verbindungen herangehen, pflegen Beziehungen, die auf gegenseitigem Respekt basieren und den Grundstein für nachhaltigen Erfolg legen.

2. Nutzung von Technologie für globale Reichweite

Technologische Werkzeuge werden zu Instrumenten, mit denen Unternehmer globale Reichweite erreichen. Von virtuellen Kommunikationsplattformen bis hin zu digitalen Marketingstrategien fungiert die Technologie als Dirigent und orchestriert den nahtlosen Fluss globaler Verbindungen.

3. Der Welleneffekt positiver Kooperationen

Positive Kooperationen auf globaler Ebene erzeugen einen Dominoeffekt des Erfolgs. Unternehmer, die einen positiven Beitrag zu ihrem globalen Netzwerk leisten, stellen fest, dass die Symphonie der Einkommensgenerierung weit über einzelne Unternehmungen hinausgeht und ein kollektives Crescendo des Wohlstands fördert.

In der globalen Symphonie der Einkommensgenerierung erweist sich die Nutzung von Verbindungen und Zugehörigkeiten als zeitlose Melodie. Unternehmer, die diese harmonische Komposition beherrschen, finden sich nicht nur als Spieler im großen Orchester des globalen Geschäfts wieder, sondern auch als Dirigenten, die die Zukunft eines vernetzten Erfolgs gestalten. Während die globale Bühne auf Sie wartet, lassen Sie die Resonanz der Verbindungen eine Symphonie der Fülle auf der unternehmerischen Reise entstehen.

Kapitel 9:

Affirmationen und Bewusstsein

Das Konzept der Affirmationen als Werkzeuge zur Bewusstseinsbildung

Im riesigen Orchester des Geistes sind Affirmationen mächtige Instrumente, die das Bewusstseinsgefüge formen können. Stellen Sie sich sie als Stimmgabeln Ihrer Gedanken vor, die mit den Frequenzen Ihrer Wünsche in Resonanz stehen und eine harmonische Komposition von Überzeugungen schaffen. Lassen Sie uns in das transformative Konzept der Affirmationen eintauchen und verstehen, wie diese Werkzeuge zu Meistern bei der Gestaltung der Symphonie unseres Bewusstseins werden.

Das Vorspiel zu Affirmationen

1. Definition des Affirmations-Crescendo

Affirmationen sind im Wesentlichen positive Aussagen, die mit Absicht und Zweck formuliert wurden. Sie dienen als Wahrheitserklärungen, die mit der Realität übereinstimmen, die man erschaffen möchte. Dieses Vorspiel stellt die Vorstellung vor, dass die Worte, die wir bekräftigen, zu Noten in der Melodie unseres Bewusstseins werden.

2. Der Einfluss der Sprache

Als dynamische Kraft prägt Sprache unsere Wahrnehmungen und Überzeugungen.

Affirmationen nutzen die Kraft der Sprache, um den Geist positiv zu beeinflussen. Wenn wir verstehen, wie sich die Wortwahl auf unsere Gedanken auswirkt, schaffen wir die Voraussetzungen für die wirkungsvolle Rolle, die Affirmationen bei der Gestaltung unserer inneren Erzählungen spielen.

Die Zusammensetzung des Bewusstseins

1. Affirmationen als Gedankenarchitekten

So wie Architekten Strukturen entwerfen, fungieren Affirmationen als Gedankenarchitekten. Sie legen den Grundstein für konstruktive Denkmuster und Überzeugungen und konstruieren eine mentale Landschaft, die die gewünschte

Realität widerspiegelt. Dieser Abschnitt veranschaulicht, wie Affirmationen die Struktur unseres Bewusstseins prägen.

2. Begrenzende Überzeugungen neu programmieren

Entdecken Sie die transformative Fähigkeit von Affirmationen, einschränkende Überzeugungen neu zu programmieren. Wie ein Dirigent, der eine Symphonie durch einen Tempowechsel leitet, orchestrieren Affirmationen eine Veränderung im Rhythmus der Gedanken und ersetzen Dissonanz durch Harmonie. Das Aufschlüsseln dieses Prozesses verdeutlicht den tiefgreifenden Einfluss, den Affirmationen auf die Umgestaltung der geistigen Landschaft haben.

Die Melodie der Affirmationspraxis

1. Rituale der Wiederholung

Affirmationen gedeihen auf dem Boden der Wiederholung. In diesem Abschnitt wird das Konzept der Integration von Affirmationen in tägliche Rituale vorgestellt und die Bedeutung einer konsequenten Praxis betont. Wie ein musikalischer Refrain verankern sich wiederholte Affirmationen im Unterbewusstsein und verstärken mit der Zeit ihren Einfluss.

2. Affirmationen mit Emotionen in Einklang bringen

Eine Untersuchung der emotionalen Resonanz innerhalb von Affirmationen verleiht ihrer Wirkung Tiefe. Das Verständnis, dass Emotionen Affirmationen

Lebendigkeit verleihen, verwandelt sie von bloßen Worten in eine Symphonie der Gefühle. Diese Ausrichtung verstärkt die Wirksamkeit von Affirmationen bei der Beeinflussung des Unterbewusstseins.

Die Symphonie der Affirmations-Meisterschaft

1. Affirmationen in den Bewegungen des Lebens

Affirmationen fügen sich nahtlos in verschiedene Lebensbewegungen ein. Von Karriere-Crescendos bis hin zu Bewegungen zur persönlichen Entwicklung veranschaulicht dieses Segment, wie Affirmationen mit den verschiedenen Facetten unserer Existenz harmonieren. Durch die Anerkennung ihrer Vielseitigkeit können Einzelpersonen die Symphonie ihres Lebens mit Absicht und Ziel dirigieren.

2. Personalisierung des Bestätigungswerts

Die Förderung der Individualisierung von Affirmationen verleiht der Symphonie eine persönliche Note. So wie eine Musikkomposition den einzigartigen Stil eines Komponisten widerspiegelt, spiegeln personalisierte Affirmationen authentisch die individuellen Wünsche wider. Dieses Kapitel schließt mit einer Anleitung für die Leser bei der Erstellung von Affirmationen, die auf ihre spezifischen Wünsche und Ziele zugeschnitten sind.

Wenn wir uns auf diese Reise in das Reich der Affirmationen begeben, stellen Sie sich den Geist als einen großen Konzertsaal vor, der bereit ist, mit den kraftvollen Melodien positiver Aussagen in Resonanz zu treten. Als Virtuosen des Denkens leiten Affirmations das Orchester und dirigieren eine transformative Symphonie, die das Bewusstsein formt und eine harmonische Realität manifestiert.

Kraftvolle Affirmationen im Zusammenhang mit der Geldgewinnung

Im Orchester der Affirmationen bilden die Melodien, die mit den Frequenzen des Wohlstands in Resonanz stehen, eine Symphonie, die Fülle anzieht. Diese kraftvollen Affirmationen wirken als Stimmgabeln für die finanzielle Anziehungskraft und leiten den Geist zu einer harmonischen Vermögensmentalität. Wenn Sie in diese bezaubernden Affirmationen eintauchen, lassen Sie ihre Resonanz die Symphonie der Fülle in Ihrem Inneren erwecken.

Harmonie mit Fülle:

Ich bin in vollkommener Harmonie mit der Fülle des Universums. Wohlstand fließt mühelos in mein Leben und ich begrüße seine Anwesenheit gnädig.

Reichtum ist mein Geburtsrecht:

Ich lasse allen Widerstand gegen Reichtum los; Es ist mein göttliches Geburtsrecht, ein Leben in finanziellem Überfluss zu führen. Das Universum arbeitet daran, Wohlstand in jeden Bereich meiner Existenz zu bringen.

Geld fließt frei:

Geld fließt frei und reichlich in mein Leben. Ich bin ein Magnet für finanziellen Erfolg und jeder Dollar, der mir zufließt, ist ein Segen.

Ich bin ein Geldmagnet:

Ich ziehe mit Leichtigkeit und Freude Geld an. Ich bin ein starker Magnet für finanziellen Wohlstand und mein Reichtum spiegelt meine positive Einstellung wider.

Finanzielle Freiheit ist meine Realität:

Ich bin finanziell frei und mein Reichtum wächst von Tag zu Tag. Mein Handeln schafft ständigen Wohlstand und ich lebe das Leben meiner Träume.

Fülle umgibt mich:

Umgeben von Fülle öffne ich mein Herz zum Empfangen. Jeder Winkel meines Lebens ist voller Wohlstand und ich bin dankbar für den Reichtum, der mir zufließt.

Positive Geldmentalität:

Mein Geist ist ein Zentrum göttlichen Wirkens, das positive Möglichkeiten für finanzielles Wachstum anzieht. Ich richte meine Gedanken auf Reichtum aus und Wohlstand manifestiert sich mühelos.

Jeder Dollar schafft Wert:

Jeder Dollar, den ich ausgebe, kommt vervielfacht zu mir zurück. Ich investiere in Möglichkeiten, die Wert schaffen, und mein finanzieller Wert wächst kontinuierlich.

Reichtum fließt durch mich:
Reichtum durchströmt mich reichlich. Ich bin ein Wegbereiter für finanziellen Erfolg und mein Handeln führt zu kontinuierlichem Wohlstand.

Finanzielle Fülle bestätigt meinen Wert:
Finanzieller Reichtum ist ein Spiegelbild meines inhärenten Wertes. Ich verdiene es, ein Leben in Wohlstand zu führen, und ich ziehe Reichtum an, der meinem höchsten Wohl entspricht.

Stellen Sie sich beim Rezitieren dieser bezaubernden Affirmationen vor, dass jedes Wort mit der Energie der Fülle in Resonanz steht. Lassen Sie sie zu einem harmonischen Refrain werden und ein magnetisches Feld schaffen, das Wohlstand in jeden Bereich Ihres Lebens zieht. Die Symphonie der finanziellen Bestätigung ist ein kraftvoller Dirigent des Wohlstands und führt Sie zu dem Überfluss, den Sie zu Recht verdienen.

Die Bedeutung der Wiederholung für die unterbewusste Programmierung

Im großen Theater des Geistes steht die Wiederholung im Mittelpunkt, während der Dirigent die Symphonie der unterbewussten Programmierung orchestriert. Ähnlich wie sich eine wiederkehrende Melodie in die

Struktur eines Liedes eingräbt, bahnen sich wiederholende Affirmationen Wege in die komplexe Landschaft des Unterbewusstseins. Die Bedeutung der Wiederholung zu verstehen ist so, als würde man den Staffelstab ergreifen, der die harmonische Entwicklung der eigenen inneren Überzeugungen leitet.

1. Der subtile Tanz der Wiederholung: Wiederholung ist der sanfte Tanz, der es Affirmationen ermöglicht, in das Gewebe Ihres Unterbewusstseins einzudringen. So wie ein Fluss mit jeder vorbeiströmenden Strömung die Landschaft formt, formen wiederholte Affirmationen das mentale Terrain und schaffen einen fruchtbaren

Boden für die Verwurzelung positiver Überzeugungen.

2. Betreten des Reiches des Unterbewusstseins:

Das Unterbewusstsein ist ein Bereich, in dem Muster durch Wiederholung eingraviert werden. Indem Sie Ihren Geist ständig erhebenden Affirmationen aussetzen, ebnen Sie den Weg dafür, dass diese positiven Gedanken tief verwurzelt werden und Ihre Überzeugungen, Handlungen und letztendlich Ihre Realität beeinflussen.

3. Transformative Wiederholungsrituale:

Sich auf tägliche Rituale der Wiederholung einzulassen, wird zu einem transformativen

Akt. So wie die tägliche Probe eines Musikstücks die Aufführung verfeinert, verfeinern wiederholte Affirmationen die Schwingungsresonanz im Inneren und bringen Ihre Energie mit den Frequenzen der Fülle in Einklang.

4. Das Echo einschränkender Überzeugungen überwinden:
Wiederholung wirkt als Gegenkraft zu den Echos einschränkender Überzeugungen. In einer Welt, in der negative Einflüsse oft versuchen, das Positive zu überschatten, wird die konsequente Wiederholung von Affirmationen zu einem wirksamen Gegenmittel, das die Dissonanz des Selbstzweifels übertönt.

5. Integration durch Konsistenz:

Konsistenz ist das Rückgrat der Wiederholung. So wie ein Musiker fleißig üben muss, um ein Instrument zu beherrschen, sorgt die konsequente Wiederholung von Affirmationen für deren Integration in das Unterbewusstsein und fördert eine Denkweise, die Wohlstand magnetisch anzieht.

6. Neuprogrammierung des Mental Score:

Der Geist ähnelt einer Partitur, und die Wiederholung ermöglicht die Neuprogrammierung dieser mentalen Komposition. Jede Wiederholung verstärkt die positiven Töne und ersetzt nach und nach widersprüchliche Überzeugungen durch eine harmonische Anordnung, die Fülle widerspiegelt.

7. Die innere Kraft enthüllen:
Wiederholung enthüllt die verborgene Kraft im Inneren. Es ist ein Prozess der Selbstfindung, bei dem die sich wiederholenden Affirmationen als Laternen fungieren, die Korridore Ihres Unterbewusstseins erhellen und das immense Potenzial offenbaren, das in Ihren Überzeugungen schlummert.

Wenn Sie sich auf die Reise der unbewussten Programmierung durch Wiederholung begeben, betrachten Sie es als eine ruhige Reise in den Kern Ihrer Überzeugungen. Bei jeder Wiederholung rezitieren Sie nicht nur Wörter; Sie komponieren die Symphonie Ihres

Unterbewusstseins und lassen die Melodien des Überflusses durch jede Facette Ihres Lebens widerhallen.

Kapitel 10:

Ziele setzen und das Kommando übernehmen

Ihre 30-tägige Einkommensreise

Um sich auf eine 30-tägige Einkommensreise zu begeben, sind ein klarer Kompass, eine Landkarte der Absichten und die unerschütterliche Überzeugung erforderlich, dass an Ihrem Ziel finanzielle Fülle auf Sie wartet. Dieser Leitfaden ist Ihr Navigationsinstrument, das Sie zielgerichtet und präzise durch die Gewässer der Zielsetzung führt.

1. Planen Sie Ihren Kurs: Beginnen Sie mit der Darstellung Ihrer aktuellen Finanzlandschaft. Wie hoch ist Ihr aktuelles Einkommen und wo möchten Sie es in 30 Tagen haben? Seien Sie konkret und realistisch. Ihr Finanzschiff braucht ein klares Ziel.

2. Das Netz der Möglichkeiten auswerfen: Erweitern Sie Ihre Vision, indem Sie mehrere Einnahmequellen erkunden. So wie ein erfahrener Fischer ein weites Netz auswirft, um den Fang zu maximieren, sollten Sie verschiedene Möglichkeiten in Betracht ziehen – freiberuflich tätig sein, sich beraten lassen oder sogar ein Nebengeschäft gründen. Je breiter Ihr Netz ist, desto größer ist Ihre potenzielle Ernte.

3. Verankern Sie Ihren Glauben: Werfen Sie den Anker des Glaubens in die Tiefen Ihres Bewusstseins. Bestätigen Sie mit Überzeugung, dass Sie mühelos Wohlstand anziehen. Denken Sie daran, der Glaube ist der Wind in Ihren

Segeln; Lassen Sie sich dadurch zu Ihren Einkommenszielen führen.

4. Über die Komfortzone hinaus segeln: Ein seetüchtiges Schiff befährt unbekannte Gewässer. Fordern Sie sich auch heraus, Ihre Komfortzonen zu verlassen. Ganz gleich, ob es darum geht, neue Fähigkeiten zu erforschen, Kooperationen anzustreben oder unerwartete Chancen zu ergreifen – lassen Sie den Nervenkitzel des Unbekannten Ihre Reise antreiben.

5. Kurskorrekturen unterwegs: Wie bei jeder Reise sind Anpassungen unvermeidlich. Bewerten Sie regelmäßig Ihre Fortschritte. Sind Sie auf Kurs? Wenn nicht, führen Sie eine Neukalibrierung durch. Flexibilität ist das Ruder, das sicherstellt, dass Sie Ihre Einkommensziele im Auge behalten.

6. Die Segel des Handelns hissen: Hissen Sie die Segel der Tat und lassen Sie sich vom Wind der Initiative voranbringen. Teilen Sie Ihre Einkommensziele in umsetzbare Schritte auf. Welche Aufgaben können Sie täglich erledigen, um Ihr Finanzschiff zum Erfolg zu führen?

7. Verankerung in Dankbarkeit:Während Sie Ihren Einkommenszielen entgegensegeln, verankern Sie sich in Dankbarkeit. Bringen Sie Ihre Wertschätzung für die Chancen, die Herausforderungen und die Fülle zum

Ausdruck, die noch bevorsteht. Dankbarkeit ist der Kompass, der Sie auf die positiven Energien rund um Ihre finanzielle Reise aufmerksam macht.

8. Meilensteine feiern: Feiern Sie unterwegs Meilensteine. Jede zurückgelegte Seemeile ist ein Beweis für Ihren Fortschritt. Erkennen und schätzen Sie die kleineren Siege, denn sie ebnen den Weg zu größeren Erfolgen.

9. Neue Horizonte setzen: Ein erfahrener Segler ist immer auf der Suche nach neuen Horizonten. Am Ende Ihrer 30-tägigen Einkommensreise nehmen Sie neue finanzielle Horizonte ins Visier. Welche Lektionen haben Sie gelernt? Welche Strategien erwiesen sich als am effektivsten? Das Ende einer Reise markiert den Beginn einer anderen.

Indem Sie mit Absicht, Überzeugung und umsetzbaren Schritten in See stechen, verwandeln Sie Ihre Einkommensziele in eine greifbare Reise des finanziellen Reichtums. Navigieren Sie als Kapitän Ihres Finanzschiffs gezielt, passen Sie sich den Strömungen an und beobachten Sie, wie die Ufer des Wohlstands mit jedem Tag näher kommen. Gute Reise zu Ihrer 30-tägigen Einkommensexpedition!

Die Bedeutung von diszipliniertem Handeln und Selbstbeherrschung

In den riesigen Meeren der Vermögensbildung fungieren diszipliniertes Handeln und Selbstbeherrschung als unerschütterliche Anker, die dafür sorgen, dass Ihr Finanzschiff sowohl durch ruhige Gewässer als auch durch turbulente Gezeiten reibungslos segelt. Lassen Sie uns die Segel entfalten und uns mit der entscheidenden Bedeutung von diszipliniertem Handeln und Selbstbeherrschung auf Ihrem Weg zum Wohlstand befassen.

1. Der Helm der Disziplin: Disziplin ist das Ruder, das Ihr Finanzschiff in die gewünschte Richtung lenkt. Es ist das unerschütterliche Engagement für die täglichen Aufgaben, Rituale und

Gewohnheiten, die Sie zu Ihren Einkommenszielen führen. Wie ein erfahrener Kapitän, der ein Schiff steuert, hält Sie Disziplin auch bei rauer See auf Kurs.

2. Den Wind der Ablenkung zähmen: Im grenzenlosen Ozean der Möglichkeiten sind Ablenkungen die unvorhersehbaren Winde, die Sie vom Kurs abzubringen drohen. Disziplin fungiert als das starke Segel, das diese Winde nutzt und sicherstellt, dass sie zu Ihrem Vorwärtsdrang beitragen, anstatt Sie in die Irre zu führen.

3. Der Leuchtturm der Beständigkeit: Beständigkeit ist der Leuchtturm, der Ihr Finanzschiff durch die

Dunkelheit führt. Wenn Sie mit Herausforderungen oder Momenten des Zweifels konfrontiert werden, wird die konsequente Umsetzung Ihres Plans zum Leuchtfeuer, das Ihren Weg erhellt und Ihnen hilft, Ihrem finanziellen Kurs treu zu bleiben.

4. Verankerung in der Selbstbeherrschung: Selbstbeherrschung ist der Anker, der bei Stürmen festhält. Es ist die Fähigkeit, Ihre Gedanken, Gefühle und Handlungen im Einklang mit Ihren finanziellen Zielen zu regulieren. Wie ein sicherer Anker verhindert die Selbstbeherrschung, dass Ihr Schiff ziellos driftet, und gibt Ihnen die Grundlage für eine zielgerichtete Absicht.

5. Den Stürmen trotzen: Auf jeder finanziellen Reise gibt es Stürme, seien es äußere Herausforderungen oder innere Zweifel. Diszipliniertes Handeln und Selbstbeherrschung sind Ihr robustes Schiff, das dafür gebaut ist, diese Stürme zu überstehen. Anstatt Widrigkeiten zu erliegen, gehen Sie gestärkt, widerstandsfähiger und standhafter in Ihrem Streben nach Wohlstand hervor.

6. Kurskorrekturen mit Präzision: Diszipliniertes Handeln ermöglicht präzise Kurskorrekturen. Bei unerwarteten Strömungen oder wechselnden Winden stellt der disziplinierte Navigator schnell die Segel ein. Selbstbeherrschung stellt sicher, dass diese Anpassungen klar und zielgerichtet vorgenommen werden und Sie wieder auf den richtigen Weg bringen.

7. Die Manifestation der Ergebnisse: Der Höhepunkt von diszipliniertem Handeln und Selbstbeherrschung ist die Manifestation von Ergebnissen. Wenn Sie Ihre Fähigkeiten, Überzeugungen und Handlungen konsequent selbstbeherrscht anwenden, werden Sie Zeuge der greifbaren Früchte Ihrer Bemühungen. Der Reichtum, den Sie anziehen, wird nicht nur zu einem Ziel, sondern zu einem lebendigen Zeugnis Ihrer disziplinierten Reise.

8. Die Symphonie der Vermögensbildung: In der großen Symphonie der Vermögensbildung sind diszipliniertes Handeln und Selbstbeherrschung die Urheber. Jeder gespielte Ton, jede mit Disziplin ausgeführte Aufgabe und jede mit Selbstbeherrschung getroffene Entscheidung harmonieren zu einer Melodie des finanziellen Erfolgs, die in jedem Bereich Ihres Lebens nachhallt.

Diszipliniertes Handeln und Selbstbeherrschung sind nicht nur Werkzeuge; Sie sind die Essenz Ihrer Reise zum Wohlstand. Nehmen Sie sie als Ihre Verbündeten an und lassen Sie die Symphonie des Wohlstands erklingen und erschaffen Sie eine Melodie, die weit über die Grenzen Ihrer finanziellen Träume hinaus nachhallt. Segeln Sie weiter, Kapitän, mit diszipliniertem Handeln und Selbstbeherrschung als Ihr treuer Begleiter auf dieser bemerkenswerten Reise des Überflusses!

Der Commitment Confluence: Reichtum und Überfluss anziehen

Im Bereich der Anziehung von Reichtum und Überfluss dient eine verbindliche Entscheidung als Zusammenfluss von Bestrebungen und Handlungen zu einem kraftvollen Manifestationsstrom. Stellen Sie sich diesen Zusammenfluss als den Treffpunkt Ihrer Wünsche und der reichhaltigen Angebote des Universums vor. Begeben wir uns auf die Reise des Verstehens und Annehmens der tiefgreifenden Auswirkungen einer engagierten Entscheidung auf Ihr Streben nach Wohlstand.

1. Die Macht der Entscheidung: Eine Entscheidung, die mit unerschütterlichem Engagement getroffen wird, ist eine Ankündigung an das Universum. Es ist die Erklärung, dass Sie bereit sind, in allen Bereichen Ihres Lebens Fülle zu empfangen und zu manifestieren. Jede bedeutende Errungenschaft beginnt mit einer Entscheidung, und im Bereich der Anziehung von Reichtum wird diese Entscheidung zum Katalysator für Transformation.

2. Ausrichtung auf Fülle: Eine engagierte Entscheidung richtet Ihre Energie auf die Frequenz der Fülle aus. Es ist, als würde man sich auf einen Kanal einschalten, in dem Reichtum, Chancen und Wohlstand die vorherrschenden Schwingungen sind. Das Universum reagiert auf diese Ausrichtung, indem es Umstände und Ereignisse orchestriert, die mit Ihrer Entscheidung in Einklang stehen und einen Fluss der Fülle einleiten.

3. Begrenzende Überzeugungen überwinden: Engagement wirkt wie ein Leuchtfeuer, das den Nebel einschränkender Überzeugungen durchdringt. Wenn Zweifel aufkommen oder alte Paradigmen wieder zum Vorschein kommen, ist Ihre engagierte Entscheidung ein unerschütterlicher Leuchtturm, der den Weg nach vorne erhellt. Es wird zur Kraft, die Sie über selbst auferlegte Grenzen hinaustreibt.

4. Der Ripple-Effekt: Eine verbindliche Entscheidung löst einen Welleneffekt auf Ihre Gedanken, Gefühle und Handlungen aus. Es verändert die Art und Weise, wie Sie Chancen, Herausforderungen und Ihre eigenen Fähigkeiten wahrnehmen. Während sich die Wellen ausbreiten, erzeugen sie ein magnetisches Feld, das Reichtum und Überfluss zu Ihnen zieht und eine Realität schafft, die mit Ihrer engagierten Entscheidung übereinstimmt.

5. Widerstandsfähigkeit in Widrigkeiten: Auf dem Weg zu Wohlstand und Überfluss sind Herausforderungen unvermeidlich. Eine verbindliche

Entscheidung wirkt jedoch wie ein Schutzschild der Widerstandsfähigkeit. Im Angesicht von Rückschlägen oder Hindernissen wird Ihr unerschütterlicher Einsatz zur treibenden Kraft, die Sie voranbringt, unbeirrt von vorübergehenden Herausforderungen.

6. **Schwingungsharmonie:**Jede Entscheidung strahlt eine Schwingungsfrequenz aus. Eine verbindliche Entscheidung schwingt mit einer Frequenz von Gewissheit, Glauben und Erwartung mit. Diese harmonische Schwingung synchronisiert sich mit der universellen Energie des Überflusses und verstärkt Ihre Fähigkeit, mühelos Wohlstand anzuziehen.

7. Von der Entscheidung zur Realität: Die verbindliche Entscheidung ist die Brücke, die die Kluft zwischen Wunsch und Realität überbrückt. Es verwandelt das abstrakte Konzept der Anziehung von Reichtum in eine greifbare, gelebte Erfahrung. Wenn Sie diese Brücke mit Engagement als Leitfaden überqueren, werden Sie Zeuge der Verwirklichung Ihrer finanziellen Ziele.

8. Kultivierung einer Vermögensmentalität: Engagement kultiviert eine Wohlstandsmentalität. Es vermittelt die Gewohnheiten, Disziplinen und Maßnahmen, die für eine nachhaltige Vermögensbildung erforderlich sind. Ihre Denkweise verändert sich von Unsicherheit zu Gewissheit, von Mangel zu Überfluss und legt den Grundstein für ein erfolgreiches und erfülltes Leben.

Im Zusammenspiel von Engagement erhält Ihr Weg, Reichtum und Überfluss anzuziehen, eine dynamische und transformative Energie. Wenn Sie an dieser Kreuzung stehen, erklären Sie Ihr Engagement mit unerschütterlicher Sicherheit und beobachten Sie, wie die Ströme des Überflusses zusammenlaufen, um Sie zu einem Leben in unvorstellbarem Wohlstand zu führen. Ihre engagierte Entscheidung ist der Schlüssel, der Ihnen die Türen zu grenzenlosem Reichtum öffnet – eine Schatzkammer, die auf Sie wartet.

Abschluss

Am Ende unserer Reise durch die Bereiche des Gesetzes der Anziehung ist es wichtig, die Symphonie der Weisheit in klangvolle Akkorde zu destillieren, die in den Korridoren Ihres Bewusstseins widerhallen. Lassen Sie sich von diesen wichtigen Erkenntnissen als Kompass dienen, der Sie auf Ihrem Weg führt, die transformative Kraft des Gesetzes der Anziehung zu nutzen.

Im Kern ist das Gesetz der Anziehung die magnetische Kraft, die das, was Sie ausstrahlen, in Ihr Leben zieht. Ihre Gedanken, Überzeugungen und Emotionen werden zu künstlerischen Strichen auf der Leinwand Ihrer Realität. Akzeptieren Sie das Verständnis, dass Sie der Architekt Ihrer Erfahrungen sind.

Im Mittelpunkt des Gesetzes der Anziehung steht der unerschütterliche Glaube an die Manifestation Ihrer Wünsche. Ihre Überzeugungen prägen die Geschichte Ihres Lebens, und indem Sie einen tiefen, unerschütterlichen Glauben an Ihre Fähigkeit pflegen, Fülle anzuziehen, setzen Sie die Kräfte der Schöpfung in Gang.

Entdecken Sie die Ursprünge und die Geschichte des Gesetzes der Anziehung und erkennen Sie seine Präsenz in alter Weisheit und moderner Philosophie. Das Geflecht seiner Entwicklung zieht sich durch Kulturen und Zivilisationen und offenbart eine zeitlose Wahrheit, die die Grenzen von Zeit und Raum überschreitet.

Tauchen Sie ein in die Lehren von Visionären wie Thomas Troward und Genevieve Behrend und verstehen Sie die Rolle der Intuition und höherer Fähigkeiten. Erkennen Sie Ihr Unterbewusstsein als das Zentrum göttlichen Wirkens, das die Symphonie der Schöpfung im Einklang mit der Unendlichkeit orchestriert.

Nutzen Sie die Kraft der Denkweise als Dirigent der Symphonie Ihres Lebens. Unterscheiden Sie zwischen einer festen Denkweise und einer Wachstumsmentalität und verstehen Sie, wie Ihre Gedanken und Überzeugungen den Ton Ihrer Realität formen. Erleben Sie den transformativen Einfluss einer positiven Denkweise bei der Ausrichtung auf das Gesetz der Anziehung.

Ermitteln Sie die drei Faktoren, die das Einkommen bestimmen: Bedarf, Fähigkeit und Schwierigkeiten beim Ersatz. Erkennen Sie die Melodie des Bedarfs, den Rhythmus der Fähigkeit und den Rhythmus der Ersatzschwierigkeit als das harmonische Trio, das Ihre Finanzkomposition leitet.

Harmonisieren Sie mit den Einkommensstrategien M1, M2 und M3 und entdecken Sie die Kraft mehrerer Einkommensquellen. Erleben Sie den globalen Wandel der Geschäftsmöglichkeiten und erkennen Sie die schrumpfende Welt an, in der Verbindungen und Zugehörigkeiten zu Kanälen für finanziellen Überfluss werden.

Stehen Sie an der Schnittstelle von Engagement, wo Entscheidungen zu Verkündigungen an das Universum werden. Richten Sie sich auf den Überfluss aus, überwinden Sie einschränkende Überzeugungen und lassen Sie die Wellenwirkung Ihrer engagierten Entscheidung eine Realität voller Wohlstand prägen.

Erleben Sie von der Entscheidung zur Realität die transformative Reise, bei der eine engagierte Entscheidung als Brücke zum manifestierten Wohlstand dient. Entwickeln Sie eine wohlhabende Denkweise, die auch Widrigkeiten standhält, und erleben Sie die Verwirklichung Ihrer finanziellen Ziele.

Lassen Sie zum Schluss die Resonanz der Reichtumssymphonie in Ihrem Bewusstsein widerhallen. Wenden Sie die Prinzipien des Gesetzes der Anziehung an und erkennen Sie, dass Ihre Gedanken und Überzeugungen die Noten sind, aus denen die Melodie Ihres Lebens besteht. Verpflichten Sie sich zur disziplinierten Anwendung dieser Prinzipien und beobachten Sie, wie sich in jedem Aspekt Ihres Daseins positive Veränderungen entfalten.

Das Gesetz der Anziehung ist nicht nur ein Konzept; Es ist eine dynamische Kraft, die in das Gewebe des Universums eingewoben ist. Lassen Sie sich beim Navigieren durch die Symphonie der Transformation von diesen Prinzipien leiten und gestalten Sie ein Leben voller Fülle, Wohlstand und Erfüllung. Möge das Gesetz der Anziehung die Melodie sein, die Ihre Reise in eine Symphonie grenzenloser Möglichkeiten harmonisiert.